Attente au Vietnam
après la tragédie khmère

Maly CHHUOR

Attente au Vietnam après la tragédie khmère

Préface de Pierre Monzani

L'Harmattan

© L'Harmattan, 2008
5-7, rue de l'Ecole polytechnique ; 75005 Paris

http://www.librairieharmattan.com
diffusion.harmattan@wanadoo.fr
harmattan1@wanadoo.fr

ISBN : 978-2-296-06446-1
EAN : 9782296064461

Préface

Après le serment, Maly CHHUOR nous livre un nouveau pan de l'épopée de sa famille décimée par le système totalitaire et concentrationnaire des Khmers rouges.

On retrouve notre famille cambodgienne lors de son exil au Vietnam dans l'attente de son envol vers la France promise.

Avec pudeur et intelligence, Maly CHHUOR nous dresse un tableau impressionniste, mêlant touches historiques, culturelles et détails de la vie, qui, de façon attachante, nous fait voyager du particulier à l'universel.

Occidentaux repus et enfants gâtés de toute espèce, laissez tomber vos calmants et vos drogues, si vous osez ne pas avoir le moral eh bien lisez Maly CHHUOR. Elle vous donne une vraie et bonne leçon de vie, sans misérabilisme ni pathos. Avec frugalité, comme dans ce quotidien de l'exil, elle est professeur de sagesse à coup de notations finement ciselées avec un tact infini.

Ce livre est un livre de dignité et d'espoir qui démontre qu'au plus profond des plus noirs malheurs, l'âme humaine trouve la force de faire face, même à l'indicible. Ici, c'est l'amour familial transfiguré par la tragédie qui triomphe des larmes et redonne aux visages la sérénité.

Je vous invite à découvrir cette poésie d'un quotidien si difficile qu'on l'aurait pourtant cru condamner au prosaïsme. Je vous invite à découvrir cette beauté du cœur qui transfigure les laideurs de l'Histoire.

Pierre Monzani

En hommage et à la mémoire des victimes de notre famille :

Notre père, Chhuor Chéang, porté disparu à l'âge de cinquante-huit ans.
Notre frère, You Eng, décédé à l'âge de trente-six ans.
Notre frère, Véng Kuong, porté disparu à l'âge de trente-deux ans.
Notre frère, Bûn Thân, porté disparu à l'âge de vingt-huit ans.
Notre frère, Seila, décédé à l'âge de dix-huit ans.
Notre sœur, Mony, décédée à l'âge de seize ans.

Et à tous nos compatriotes morts dans la même épreuve.

Remerciement à notre mère, Kim Huor, rescapée, qui s'est battue pour nous.

Mieu Sim, Maly, Rundy, Chak Riya, Sethy et Sonkunthe*, rescapés des évènements du génocide.

*Sokunthea est décédée en France en 2003.

A ma fille, Sophie.
A mes nièces et mes neveux.

Introduction

Ce livre est la suite du témoignage *Le serment*.

Le Serment relate la tragédie de notre famille, de notre peuple sous le régime génocide des Khmers rouges qui a débuté en 1975 et a pris fin en 1979. C'est un devoir de mémoire pour rendre hommage à notre famille : notre père, Chhuor Chhéang, nos quatre frères, You Eng, Véng Kuong, Bunthân, Seila et notre sœur, Mony. Mais également à toutes les victimes de la tragédie.

Après avoir risqué notre vie pour fuir le Cambodge, nous, les survivants, ma mère, mes sœurs, mon frère cadet, mes nièces, mon neveu et moi-même étions en exil au Vietnam. Ce second livre raconte notre vie ainsi que celle des réfugiés cambodgiens dans ce pays.

Cet ouvrage est né grâce au soutien, à l'encouragement des amis, des lecteurs, des organismes, en France et à l'étranger, qui avaient écrit, diffusé ou référencé *Le serment* : instituts, universités, collège, mairies, bibliothèques, médiathèque, ambassades, radio, magazines, fondation, associations, Google et Yahoo.

Nous souhaitons partager nos émotions avec les lecteurs pour la seconde partie de notre l'histoire. Il s'agit de notre farouche combat pour survivre. A plusieurs reprises, nous nous trouvions dans un profond désarroi. Mais l'énergie surgissait. Cette énergie est née grâce à notre solidarité.

Dans la tragédie apparaissait d'étrangeté : rencontres, terreurs, secours, phénomènes paranormaux, voire miracles.

De nombreux obstacles et pièges barraient notre chemin. Nous rencontrions des terreurs à répétition. Mais réussissant à surmonter les épreuves, nous avons pu enfin emmener le navire de la vie à travers l'ouragan pour atteindre la rive de la liberté : **la France, terre d'accueil.**

Chapitre 1

A la frontière

10 novembre 1975. Avec une vive émotion, Monsieur Han ordonne à ses deux fils aînés :
- Nous pouvons jeter l'ancre.
- Oui, père, les Khmers rouges ne peuvent plus rien faire.

Sur le Mékong flottent des bateaux de pêcheurs, de passagers. Les habits des femmes sont rassurants. On n'est plus sur la terre cambodgienne. Mais celle du Vietnam. Ces femmes portent d'ample pantalon noir. Sur leur tête, un chapeau de forme conique.

Les membres des deux familles, Han et Chhuor, prennent chacun un bol de potage de riz. Par économie, on a fait bouillir cette céréale avec une grande quantité d'eau. Car, devant eux c'est l'incertitude. Ils ont franchi une étape dangereuse, voire mortelle : la traversée du Mékong sous les balles des Khmers rouges. L'avenir est un point d'interrogation. Accoster ne signifie pas pour autant mettre pied à terre. La vie continue sur une petite barque qui abrite vingt personnes. Cette cohabitation dans un espace limité à quelques mètres carrés étouffe les passagers. Mais les deux familles ne se sont pas engagées à vivre ensemble pour l'éternité.

Responsable du sort de la famille Chhuor, Han reste vigilant. Il explique à cette famille :

« Désormais votre nom de famille, Do. Surtout n'oubliez pas votre nouveau prénom. »

Selon l'enseignement de Bouddha, dans certains cas, le détachement à l'égard des biens matériels est une voie vers la sérénité. Mais pour les Cambodgiens, il s'agit d'un détachement forcé. Les Chuor ont quitté leur pays. Ils arrivent au Vietnam en fraude, affamés, épuisés. Deux membres de la famille sont morts. On est sans nouvelle de quatre autres. Cela ne suffit pas, il faut en plus laisser son nom. Pour survivre, le destin ne leur laisse pas le choix.

Han, le chef de famille vietnamien, prend un air sérieux, méditatif. Et dit :

« Je vais vous apprendre à compter de 1 à 10 en vietnamien. Puis, il est indispensable de connaître deux mots : pardon et merci. »

Il ajoute :

« Répétez cette phrase en vietnamien, qui signifie mes grands-parents sont vietnamiens, mais je ne parle pas leur langue, car depuis toujours c'est interdit au Cambodge. »

Les jeunes Chhuor répètent après Han les trois formules tout en s'efforçant de retenir le mensonge. Jean-Jacques Rousseau disait : « *Mentir sans profit ni préjudice de soi ni d'autrui n'est pas mentir : ce n'est pas mensonge, c'est fiction.* »

Selon le conseil d'un ancien Cambodgien : « Parfois, il faut prendre des détours au lieu des lignes droites. » Monsieur et Madame Chhuor possédaient un puits de proverbes et de dictons. Ils essayaient de transmettre leur savoir à leurs enfants. Mais ces derniers ne faisaient pas attention. A présent, ces proverbes et dictons sont applicables à tout instant. Riches en expériences, les anciens avaient raison de nous laisser les messages. Désormais, il faut se débrouiller dans un pays étranger avec seulement trois formules. Mais il vaut mieux cela que rien. Après tout, les trois sœurs, Maly, Rundy, et Chak Riya rêvent d'un autre monde.

- Peut-être irons-nous en France ? dit Maly.
- Oui, le rêve peut se réaliser, répond Rundy.
- Il faut garder cet espoir, ajoute Chak Riya.
- Mais vous n'avez peur de rien, interrompt Han, terrifié. Nous sommes dans un pays communiste. La France est un pays capitaliste.

Les trois sœurs s'arrêtent de parler. Mais la France occupe leur esprit. La tour Eiffel, l'Arc de Triomphe, la Place de la Concorde, le Louvre, ces monuments historiques, elles les connaissent. De même pour les grands auteurs comme Molière, Corneille, Racine, Balzac, Flaubert, George Sand...

Autour de vingt ans, notre vie est peuplée d'imaginations. Les jeunes Chhuor se disent au fond d'eux-mêmes : nous irons en France. S'agit-il d'une prémonition ? Personne ne peut interdire à quiconque d'espérer. Sous la dictature des Khmers rouges, en dormant, les pauvres déportés dégustaient des plats délicieux dans leur songe. Le rêve permet de supprimer la frustration. Selon une étude, les malades mentaux dorment sans rêver. A vrai dire, la fin de l'espoir est synonyme de défaillance mentale.

Han s'adresse aux trois mères, sa femme, Madame Chhuor et Sim : « Nous allons faire des courses.»

Dans ce pays tropical, novembre est le mois le plus frais. Le soleil économise son énergie tout en accordant de la clarté à la terre. Les nuages blancs, lumineux, flottent dans le ciel azur, nous transportant dans un monde imaginaire. A l'horizon, l'eau et le ciel semblent se toucher. Cette frontière virtuelle évoque la notion de l'infiniment grand. Obéissant au phénomène géologique, l'eau ne fait que s'agiter. Ce mouvement fluvial incontrôlé provoque une incommodité aux voyageurs : la barque gîte sans répit. La limpidité de l'eau offre un spectacle impressionnant. On voit nager des poissons. Les oiseaux de différentes espèces se déplacent dans le ciel avec une grâce divine. Parmi les animaux, les vertébrés ovipares à plumes sont les plus privilégiés. Rois de l'espace, ils portent le message de liberté.

Han et les trois mères arrivent. Celles-ci distribuent de la nourriture aux enfants.

Madame Han dit :

- Cet endroit est sauvage, on ne trouve rien pour se nourrir.

- On utilise les monnaies. Ce n'est plus le système de troc comme avec les Khmers rouges, ajoute Sim.

- J'ai vendu une bague en or pour avoir de l'argent, continue Madame Chhuor.

Le remplacement du système de troc par les monnaies ne relève pas du miracle, car il faut se défaire de son bien au fur à mesure pour avoir de l'argent. Femme courageuse, Madame Chhuor garde toujours le sang froid. Ce courage, elle le transmet à ses enfants. C'est une quinquagénaire lucide, malgré la tragédie.

Soucieux du sort des Chhuor, Han dit :
-Vous n'êtes pas Vietnamiens comme nous. C'est dangereux de rester longtemps à la frontière. Les gens, dans la barque, qui se sont approchés de nous tout à l'heure sont certainement des espions.
- Connaissez-vous un autre endroit ? demande Madame Chhuor.
- Tain Chau, répond Han. Ce lieu est peuplé. Beaucoup d'immigrés du Cambodge se trouvent là-bas. (Tain Chau s'écrit phonétiquement.)

*

Dès le lever du soleil, les Chhuor, Sim est ses cinq enfants se dirigent vers le lieu indiqué par Han. Après avoir acheté des billets, les douze personnes embarquent dans un bateau. Depuis huit mois c'est la première fois qu'ils se déplacent par un moyen de transport à moteur. Les autres voyageurs connaissent leur destination. Quant aux Chhuor, ils sont des aventuriers. Le navire contient au moins cinquante passagers. Deux heures après, la ville se montre. Le navire jette l'ancre. Tous les passagers débarquent. Les Chhuor font comme les autres. Ces derniers choisissent un chemin. Quant aux Chhuor, ils suivent celui qui sera indiqué par le destin. Ils marchent, ils marchent. Mais où aller ? Ils n'en savent rien. Ayant vécu la déportation dans la zone dite « libérée » dans la forêt cambodgienne, cette agglomération frontalière leur paraît géante. Les maisons sont en pierre. Les chemins sont de même, empierrés. Les visages des gens montrent que l'on est dans un pays étranger. Les femmes portent des pantalons noirs et amples avec un haut de couleur claire. On entend la conversation en vietnamien. Ce n'est pas un rêve. On est sur une terre inconnue. Mais il n'y a pas lieu de s'affoler. Les Chhuor ont déjà franchi de nombreuses étapes dangereuses. Ils continuent à marcher et décident de prendre un chemin terreux non goudronné : le plus modeste de la région. Le long de celui-ci s'alignent des maisons construites sur pilotis. Le toit et les murs sont en feuilles de palmier. C'est le quartier défavorisé de la région.

Tout à coup :

- Venez-vous du Cambodge ? demande en cambodgien une passagère âgée d'une trentaine d'années.

- Oui, répond Madame Chhuor toute contente.

Entendre quelqu'un parler sa langue dans un pays étranger dans pareille circonstance relève du miracle. Les douze aventuriers sont ravis.

- Avez-vous l'intention de vous installer ici ?

- Bien sûr, répondent Madame Chhuor et Sim.

- Ecoutez, pour s'inscrire à n'importe quel endroit dans ce pays il faut la garantie d'un habitant de la région. *Ba Hay* est habituée à cela. Je vous emmènerai chez elle.

(*Ba* est un mot vietnamien qui signifie madame.)

Les douze aventuriers suivent la femme. Une autre femme surgit. Et dit :

- Tante Huor, vous venez d'arriver?

- Oui, Chan, habitez-vous ici ? demande Madame Chhuor.

Chan est une Cambodgienne âgée de 35 ans. Cette jeune femme continue :

- Voulez-vous acheter ma maison. Dans une semaine je partirai pour Saigon faire la démarche en vu de rejoindre mon mari qui se trouve en France.

Madame Chhuor répond :

- Je veux bien acheter votre maison. Mais d'abord, nous devons aller voir *Ba Hay*.

Les douze voyageurs suivent l'accompagnatrice. Sur le chemin, arrive une femme sexagénaire.

L'accompagnatrice s'exclame :

- Voilà *Ba Hay*.

Puis elle explique à celle-ci.

- *Ba Hay*, ces personnes ont besoin de vous. Elles ont l'intention de rester ici.

- Où habitiez-vous au Cambodge ? demande *Ba Hay*.

- Je suis l'épouse de Chhuor Chhéang. Nous sommes d'origine de Prêk Phnau, répond Madame Chhuor.

- Je connaissais bien grand frère Chhéang. Je pourrai me porter garante pour vous.
- Merci pour votre générosité, répond Madame Chhuor.
- En attendant venez habiter chez moi. Ensuite, dans une semaine vous irez habiter la maison que vous aller acheter.

En quelques minutes, trois rencontres dans un pays étranger. C'est une incroyable histoire.

Ba Hay est immigrée du Cambodge. Elle a trois filles âgées de vingt à trente ans. Les trois sont affables. Sa maison est modeste comme celles des autres immigrés. Mais on y trouve de la chaleur humaine. Les immigrés du Cambodge sont d'origine vietnamienne.

Ba Hay explique à Madame Chhuor :
- Pour pouvoir s'installer ici il faut donner de l'argent au chef de cinquante maisons.
- Je suis prête à payer.

Les Chhuor passent une nuit tranquille dans une maison entourée de bonnes personnes. Depuis le 17 avril 1975, ayant la cabane de fortune comme abri, ils vivaient sous différentes menaces : Khmers rouges, phénomènes atmosphériques, et animaux dangereux.

*

Le soleil émet ses rayons lumineux sur la terre vietnamienne. Une nouvelle journée démarre. Les Chhuor se réveillent. Ils se demandent où ils se trouvent. Ils réalisent qu'ils sont dans un pays étranger.

Ba Hay raconte à Madame Chhuor :
- Cette nuit j'ai fait un rêve. J'ai vu venir mon frère.
- Où habite-t-il ?
- A Saigon.

Madame Chhuor demande à *Ba Hay* de lui accorder un coin pour préparer le repas. Elle offre à l'hôtesse une étoffe en soie. Etre sous le toit de cette brave femme est une sécurité. En outre, ses filles sont discrètes.

Vers dix huit heures, un homme quadragénaire apparaît. Sa tenue vestimentaire montre qu'il est un citadin.

Ba Hay explique à Madame Chhuor :

- C'est mon frère. Il vient de Saigon. Vous pouvez lui confier vos bijoux. Il pourra les vendre à un bon prix.

- J'ai confiance en vous et en votre frère. Je lui confierai mes bijoux.

Châteaubriant disait : *Je me méfie de tout sauf de Dieu.* Personne n'est né méfiant. Cependant la vie nous apprend petit à petit à ne pas être crédule. Maly se pose la question: Qui est donc *Ba Hay* ? Sa générosité n'est en fait qu'une affaire commerciale. Un instant après, elle se sent coupable d'avoir une pensée négative à l'égard de cette bonne personne. Cette dernière a sauvé sa famille. Les paroles de Kuong, son second frère, résonnent : « Auparavant, tu étais naïve. Ensuite tu deviens méfiante. Ta méfiance devient excessive, voire maladive. Pour être en accord avec sa conscience, il faut éviter d'incriminer quelqu'un sans avoir des preuves. Selon Voltaire, dans une prison, il faut libérer tous les prisonniers pour éviter de condamner un innocent par erreur. Tu dois donc suivre son conseil. »

Il faut donc arrêter de se méfier de la brave femme. Mais la remercier.

Chapitre 2

Recherche d'une issue

Les Chhuor sont habitués à leur nouvelle vie. Le Vietnam n'est plus un mystère. Malgré l'obstacle de la langue, ils mènent leur existence au jour le jour. Une semaine après ils se trouvent chez eux : une petite et modeste maison achetée dans le quartier des immigrés du Cambodge. Sim et ses enfants habitent dans un autre logement.

Etre chez soi est une liberté. On peut éclairer la maison jusqu'à minuit. Cela devient un luxe. Car au cours de la déportation, la nuit, on vivait dans l'obscurité. Liberté ? Mais cette liberté est éphémère. Devant les Chhuor c'est l'incertitude. Les anciens immigrés sont venus les uns après les autres pour les soutenir. Il importe d'apprécier cette solidarité. Les gens leur expliquent :

- Il faut vendre des poissons, dit un immigré.
- La vente des légumes est aussi bien, conseille une seconde immigrée.

Les Chhuor pensent au lendemain. Mais le présent compte avant tout. Afin de compenser la privation ils ne font que manger, surtout du riz, au risque de tomber malade. Ils consomment cette céréale trois fois plus que de coutume. Affamée, Sokunthea prend secrètement des aliments dans la cuisine. Manger en liberté est un rêve. Mais trop de nourriture rend la digestion difficile.

A coté de la maison des Chhuor est sise celle de la famille du chef de dix maisons. Anciens immigrés du Cambodge, le couple et les enfants sont discrets. Le soir, le père psalmodie un chant ou une poésie dont l'air est mélancolique. On a l'impression d'entendre tomber de l'eau goutte à goutte. La bise de novembre renforce la nostalgie. Cette vie sans point de repère est indescriptible. Les jeunes Chhuor se concertent :

- Que deviennent notre père et nos frères ?
- Nous avons pu échapper à l'enfer khmer rouge. Mais eux, auront-ils la chance de survivre ?
- A présent notre vie se réduit à quelques sacs de vêtements.
- Dans une demi-heure c'est la réunion nocturne sous la présidence du chef de cinquante maisons. Comme nous ne comprenons rien, cela nous causera probablement des ennuis.
- Du Cambodge au Vietnam c'est le même principe : les séances d'endoctrinement.

A vingt-heures, la réunion est ouverte. La conférence se passe en plein air. Les gens sont assis à même le sol. Les Chhuor sont parmi d'autres. D'un ton ferme le président débite le discours. De temps en temps il hausse le ton. Les Chhuor n'ont rien compris. Le chef parle tout seul. Le peuple écoute sans réaction. Malgré le nombre, on n'entend ni protestation, ni opinion. La séance se termine à vingt trois heures. Quel soulagement ! Arrivés à la maison Maly, Rundy, Chak Riya et Séthy ouvrent le débat.
- J'ai dormi à moitié.
- Heureusement nous étions dans l'obscurité.
- J'ai eu peur qu'il fasse une interrogation orale.

Il ne reste que deux moustiquaires. La mère, Sethy et Sokunthea s'abritent dans l'un. Maly, Rundy et Chak Riya dans l'autre. Il fait froid en novembre. L'esprit de famille procure la plus grande chaleur. L'amour maternel est la meilleure protection. Les Chhuor passent la nuit mi-endormis, mi-éveillés à réfléchir sur l'avenir. Cet avenir n'est ni clair, ni obscur, on ne peut rien savoir d'avance. Ils sont acteurs du théâtre de la vie dont le maître du destin leur dicte les scènes à jouer au jour le jour.

*

L'aurore se présente. La vie reprend. Vivre sans aucune activité est un désastre.

La mère ordonne :

« Nous irons au marché acheter des ingrédients pour faire le potage au riz et à la viande. Demain, nous commencerons notre petit commerce. »

L'achat étant terminé, les Chhuor sont satisfaits et attendent le lendemain avec un sentiment mêlé de peur et d'espoir. Ils passent la nuit à se poser des questions pour leur avenir proche. Demain ils seront marchands de potage de riz au marché. Vers quatre heures du matin, toute la famille se lève sauf Sokunthea. Chacun fait de son mieux pour cuire la soupe de riz avec le poulet ainsi que le potage aux épices pour accompagner le vermicelle. A six heures, tout est prêt. Madame Chhuor fait livrer la marchandise par un transporteur à remorque. Sur la place du marché, ils ont installé les affaires sur une petite table basse. Devant celle-ci il y a quelques sièges pour les clients.

Ne parlant pas la langue du pays ils sont obligés de se taire. En cas de besoin, ils communiquent à voix basse pour ne pas intriguer les gens. Ils attendent, attendent. Aucun client ne vient. Ils attendent encore. Une heure après, un ouvrier se présente. Ce n'est pas par ce qu'il a faim. Mais il éprouve de la peine pour ces réfugiés. Une heure après, un autre homme, un ouvrier sans doute, reprend le même geste. Vers midi, Madame Chhuor prend la décision : « Il faut rentrer. »

*

Rentrés à la maison, ils sont saisis par le désespoir.

- Tous les clients sont des pauvres gens. Mais ils ont du cœur.

- Au lieu de faire un profit, nous avons perdu de l'argent dans ce commerce. Ce n'est plus la peine de continuer.

Ils consomment les mets invendables. Après le repas, c'est la sieste. Ce n'est pas la paresse qui les pousse à l'immobilité, mais le désespoir. Après cette pause, toujours énergique, et pour montrer l'exemple à ses enfants, la mère ordonne : « Nous allons au centre de la ville. »

La mère et les cinq enfants se lèvent. Les femmes enfilent le pantalon pour se conformer à la mode de vie de ce pays. Maly, Rundy et Chak Riya sont mal à l'aise avec ces pantalons à l'occidentale. Mais elles ne peuvent pas faire autrement. Ces vêtements, emmenés de Phnom Penh, étaient cachés au cours de leur existence sous la férule des Khmers rouges. Les six prennent la direction du centre ville. Les magasins et les boutiques sont nombreux. Il y a du monde. Soudain, Rundy s'exclame avec effroi :

- Je ne me reconnais plus. Comme je suis maigre ! C'est le miroir de la boutique qui me dit la vérité.

- En effet, ajoute Chak Riya après avoir regardé dans le miroir, je suis pareille.

- Et moi, marmonne Maly, c'est pire.

La mère et ses enfants rentrent à la maison. Ils n'ont que deux fonctions essentielles à accomplir : manger, dormir. Ils avalent une grande quantité de riz. Après le repas, ils sont mal à l'aise à cause de la suralimentation. Sokunthea est ravie de pouvoir manger à sa faim. Son handicap ne lui permet pas de s'exprimer. Mais on voit la joie jaillir de ses yeux.

Après le repas, Rundy donne son avis :

- Demain, je vais chercher du travail, n'importe quel travail.

- Moi, aussi, répond Chak Riya.

- J'ai rencontré un immigré du Cambodge, dit Sethy, il m'a dit que l'on peut trouver du travail à la rizière. Demain j'irai travailler.

- J'irai avec toi, ajoute Rundy.

- Demain, nous irons tous les trois, confirme Chak Riya.

N'ayant pas de force, Maly ne dit rien. Elle est peinée par le sacrifice de ses sœurs et son frère. Au cours de la déportation, Rundy et Chak Riya assuraient le transport de plusieurs kilogrammes de riz. Incapable d'assumer ces tâches, Maly se lamente sur son sort. Au collège de jeunes filles, elle était renommée pour être la dernière en éducation physique : elle ne pouvait ni monter la corde, ni sauter en hauteur. Ce handicap n'était pas un mince sujet. Avec 02/20 il y avait de quoi s'inquiéter pour l'avenir. Ces notes faisaient baisser la moyenne. Mais personne n'a choisi sa destinée. A présent, il n'y plus d'école, ni rien. On a besoin de la force physique pour survivre.

Le voile noir de la nuit se retire du Vietnam. Une nouvelle journée recommence. Rundy, Chak Riya et Sethy se dirigent vers l'endroit indiqué pour chercher du travail. Une heure après ils arrivent à destination. Le propriétaire du champ de riz est un ancien immigré. Il accepte d'embaucher les trois jeunes par solidarité. Ces champs de riz sont inondés d'eau de pluie. Le frère et les deux sœurs participent à ce dur travail tant bien que mal. Ils ne sont pas habitués et n'ont pas la force physique nécessaire pour accomplir ce labeur. Cette force a été enlevée en outre par la vie de calvaire sous le régime des Khmers rouges. Séthy tombe dans l'eau à plusieurs reprises. Les trois Chhuor luttent pour pouvoir emmener un peu d'argent à la famille.

*

Les Chhuor pouvaient quitter le Cambodge grâce à la sentence : il faut marcher, marcher et s'enfuir pour survivre. Appliquant cette sentence Maly décide de marcher, sortir, même si elle n'a pas d'objectif. Un papier et un crayon à la main, elle se dirige vers le centre ville. Ces matériels sont destinés à dialoguer avec les gens pour écrire les chiffres et non pour montrer qu'elle est une intellectuelle. Papier et crayon étaient interdits pour des déportés sous le régime des Khmers rouges. Le deuil est déjà fait pour le monde du savoir.

En chemin, elle voit défiler un groupe d'élèves sous la surveillance d'une maîtresse. Elle regarde le cortège avec un pincement de cœur. Le souvenir du passé surgit. Elle se dit : *J'ai été professeur et puis responsable d'un travail d'Etat. A présent je ne suis qu'une apatride sans point de repère, sans avenir. Mais Bouddha enseigne que tout est illusion, non permanent. Il importe d'oublier le passé. C'est le présent qui compte. Seulement le présent. Même pas l'avenir. Cet avenir, nous ne le voyons pas. Il faut laisser le destin accomplir son travail.* Elle continue sa route et arrive au marché de Tain Chau. Les nourritures présentées sur les tables basses sont appétissantes : vermicelles, potages, gâteaux, desserts variés.

On a l'embarras du choix. Mais elle ne se permet pas de s'alimenter toute seule. Depuis la tragédie, dans sa famille, on applique la théorie de partage. Avec les Khmers rouges tout est supprimé : marché, école, monnaies... Ici, c'est le communisme comme au Cambodge. Mais ce n'est pas la même application. Après tout, quand nous nous trouvons dans la précarité, le spectacle des mets nous rend mal à l'aise. Mais il importe de résister.

Elle marche, marche, sans but, toute seule dans la foule. Tout à coup un jeune homme s'approche d'elle. Son phénotype révèle qu'il est eurasien. Il a environs 25 ans. Tout en étant sympathique, il a l'air triste. Il dit quelque chose. Maly ne comprend rien. Ce jeune homme lui fait signe de le suivre. Suivre un inconnu ? Cela ne se faisait pas au Cambodge pour une jeune femme. Moins encore quand on a reçu une éducation rigoureuse. Mais depuis la tragédie, Maly et ses sœurs modifient leur comportement pour s'adapter aux circonstances. D'autant plus que ce jeune homme poli ne présente aucun danger. Curieuse comme elle est, il faut lever le mystère. Elle décide donc de le suivre. Finalement, son domicile se trouve juste à côté du marché. Il n'y a rien à craindre. C'est une maison bourgeoise avec de beaux meubles en laque. A l'intérieur il y a trois femmes dont deux jeunes. La troisième est quinquagénaire. Cette dernière est distinguée et sympathique. C'est probablement la mère du jeune homme. Les jeunes femmes s'adressent à celui-ci en l'appelant Lou-Y. Son prénom est donc Lou-Y. La mère du garçon essaye de chercher des mots français qui se sont effacés de sa mémoire au fil du temps.

Elle dit : « Papa Lou-Y Français. »

Puis ne trouvant plus les vocables français, la dame se met à parler sa langue. Maly ne comprend rien. L'hôtesse ne fait que répéter : « Maman! Maman ! » Maman veut dire *Je* ou *Moi*. Certains Vietnamiens et Cambodgiens remplacent le prénom de la première personne par un nom comme tante, mère, enfant, frère... Cela pour marquer de la sympathie. Par exemple quand une femme plus jeune s'adresse à une plus âgée au lieu de dire : Je vous écoute. Elle dit : petite sœur écoute grande sœur. Cette manière de parler ne va pas de soi pour des étrangers.

Puis la mère de Lou-Y continue : *Bac si* Phuc

Maly fait signe qu'elle n'a rien compris. La dame trouve enfin le mot : docteur Phuc.

Donc *Bac si* signifie docteur.

Ensuite la dame met sa main sur sa mâchoire. Que de mystère ! Qu'est ce qu'il a ce docteur Phuc ? Qui est-il ?

Il pleut. Incapable de partir sous un torrent de pluie, Maly se sent mal à l'aise. Rester longtemps chez des inconnus est très gênant. Mais comment faire ? Elle ne connaît pas le mot pluie en vietnamien. Il faut se débrouiller comme elle peut.

Elle dit :

- *Nuoc*, (qui signifie l'eau.)

- *Da,* répond la dame pour dire oui. Elle fait signe à une des jeunes femmes. Cette dernière se précipite à l'intérieur. Elle sort avec un verre d'eau.

- *Khong*, répond Maly (c'est à dire non.)

Pensant que l'invitée préfère de l'eau glacée, la jeune femme lui apporte des glaçons. Maly prend le papier et le crayon. Puis dessine des petits ronds. Ensuite elle montre l'extérieur en faisant le mouvement de la main du haut en bas.

La dame a enfin compris. Elle dit : « *Mua*, ne pas partir.»

Donc *mua* signifie la pluie. Toute une matinée pour se faire comprendre et pour dire un mot. C'est une histoire de fou.

*

Le soir, Rundy, Chak Riya et Sethy rentrent à la maison. Ils sont exténués, mais heureux de pouvoir rapporter un peu d'argent. La mère dit :

- Vous êtes trop fatigué; il faut arrêter de travailler, nous avons de quoi pour vitre en attendant.

- Ce matin, j'ai fait la connaissance d'un Franco-vietnamien et de sa mère, raconte Maly. Son père est Français, sa mère Vietnamienne.

- Parle-t-il français ?

- Pas du tout. Il s'appelle Lou Y. A mon avis, son père l'aurait prénommé Louis. Mais les Vietnamiens prononcent Lou Y.

- Comment as-tu fait pour converser avec eux ?
- Sa mère sait quelques mots français. Je me suis débrouillée tant bien que mal. Il m'a fallu une matinée pour parler de la pluie en me servant de dessins et de gestes. La mère de Lou Y m'a parlé d'un certain docteur Phuc. Sans doute, me voyant si maigre, elle m'a conseillée d'aller voir ce médecin.
- Nous devons suivre les cours d'alphabétisation. D'ailleurs le chef de dix maisons nous l'a conseillé.

*

Tain Chau est plongé dans l'obscurité. Après une journée de dur labeur, sous la bise de novembre, Rundy, Chak Riya et Sethy ont attrapé la fièvre. Les malaises se produisent comme au temps de la déportation sous la domination des Khmers rouges. Ils ont très chaud. Leur température atteint 40 degrés. Le corps est brûlant comme un four. Après la chaleur c'est la phase de refroidissement. Ils frissonnent et grincent des dents. Lors de la déportation il y avait au moins les plantes pour apaiser la chaleur. Et ils combattaient le froid par une pierre chauffée. A présent ils n'ont rien. Seulement de l'eau chaude comme remède. Maly se reproche de n'avoir pas participé au dur travail. Elle attend impatiemment le lever du soleil pour entamer un projet.

Il fait jour, Maly s'en va. Arrivée au centre ville elle a demandé à une immigrée du Cambodge.
- Y a t-il un hôpital dans le quartier ?
- Oui, il se trouve à dix minutes d'ici.
- Comment dit-on en vietnamien : « Je cherche le docteur Phuc.»

La femme sort son propos en vietnamien. Comme un perroquet, Maly répète la phrase. Elle marche, marche, tout en récitant silencieusement, sans relâche, cette phrase.

L'hôpital apparaît. Elle rentre, se dirige vers un bâtiment. Un quadragénaire en blouse blanc se dirige vers Maly. Et il lui pose la question en cambodgien avec un accent vietnamien :
- Que cherchez-vous ?

Tellement préoccupée à retenir la phrase, elle n'a pas entendu sa question en cambodgien. Son idée fixe : rechercher docteur Phuc.
- Je recherche le docteur Phuc, répond-elle en vietnamien.
- Comment ? s'exclame l'homme.

Un instant après, elle a réalisé que celui-ci lui a posé la question en cambodgien. Comme un robot, elle lui a répondu en vietnamien, dans un langage incompréhensible. Elle se dit : « Je pourrais le vexer si je continue à lui dire que je recherche le docteur Phuc. Il faut donc changer de tactique. »

Elle lui explique :
- Je viens chercher des médicaments pour mes sœurs, mon frère. Ils sont malades.
- Qu'est ce qu'il leur arrive ?
- Ils ont de la fièvre, des frissons et des œdèmes.
- Attendez-moi ici. Je vais vous chercher des médicaments.

Il s'en va. Un instant après il est de retour. Puis il tend un paquet de médicaments à Maly.

Satisfaite, elle est sur le point de partir. Tout à coup, deux jeunes gens s'approchent, l'air content.
- Je suis Dong, se présente l'un.
- Et moi, Lap, continue l'autre. Tous deux, nous avons été étudiants de deuxième année de la faculté de médecine à Phnom-Penh.
- J'ai été étudiante de l'université des sciences. Ma famille vient d'arriver.
- Nous sommes contents de vous rencontrer.
- Vous avez de la chance de pouvoir trouver du travail dans un hôpital. Vous parlez bien le vietnamien. Dans ma famille, personne ne parle cette langue.
- Mais dans notre cœur, nous sommes toujours Cambodgiens. Nous avons la nostalgie de notre pays.
- Connaissez-vous par hasard le docteur Phuc ?
- Il travaille ici, répond Lap, il a fait des études de médecine en France. Vous pouvez parler français avec lui.

Dong et Lap emmènent Maly vers un autre bâtiment où elle voit un jeune homme. Enfin, c'est lui le fameux docteur Phuc. Après la présentation, les deux jeunes gens se retirent pour aller travailler. Agé de 35 ans, ce médecin est distingué et effacé. Il a une cicatrice à la mâchoire gauche. La tristesse se dévoile sur son visage. Malgré son chagrin, il demeure gentil. Tout de suite il confie ses soucis :

- J'ai envie de partir. Mais à cause de ma petite fille de 3 ans je suis coincé. Mes amis sont partis avec les hélicoptères américains lors de la prise de pouvoir par des communistes le 30 avril 1975.

- Au Cambodge, les habitants des villes étaient chassés de leur maison. Ici, vous n'êtes pas expulsés de chez vous.

- Mais, ceux qui occupaient des postes de grande responsabilité dans l'ancien gouvernement sont arrêtés et mis dans un camp de concentration.

- Pourquoi pouvez-vous travailler ici ?

- Parce que mon oncle est un haut fonctionnaire dans le nouveau gouvernement. Mais tous les jours, je cherche à m'évader. Le problème : ma fille.

- Je vais vous quitter. La prochaine fois je viendrai avec mon frère et mes sœurs afin qu'ils vous connaissent.

Trouver l'interlocuteur qui parle une langue commune est un soutien psychologique. Sans tarder Maly se rend à la maison. Attaqués par la maladie, Rundy, Chak Riya et Sethy restent allongés. La venue de leur sœur est un réconfort. Le malheur est une lame à double tranchant. Ou les gens sont désunis ou ils sont unis. Les Chhuor sont très solidaires. Auparavant, ils n'avaient pas connu ce sentiment.

Maly tend les médicaments à ses sœurs et son frère.

La mère, les deux sœurs et le frère écoutent l'aventure de la journée avec beaucoup d'attention. Sokunthea est incapable de s'exprimer. Mais elle a compris qu'il s'agit d'une bonne nouvelle. Elle sourit en se balançant en arrière. Tous les membres de la famille avalent des comprimés sans se poser des questions. La vie ne nous laisse pas plusieurs choix.

*

L'espoir renaît chez les Chhuor. Grâce au traitement ils sont rétablis. Ils se demandent :

- D'où viennent donc ces médicaments aussi efficaces ?
- Je n'en sais rien, répond Maly.
- Grâce à ces comprimés nos oedèmes s'en vont.
- Ces médicaments ont un effet diurétique.
- Demain nous irons voir le docteur Phuc.

*

La vie est un enchaînement d'évènements inattendus. Tout à coup un jeune homme surgit devant la maison. Maly explique à ses sœurs et son frère :
- C'est Lou Y.
- Pourquoi sait-il que nous habitons ici ?
- A mon avis, il m'a suivie, répond Maly.

Le jeune homme monte l'escalier, reste planté devant les Chhuor comme une statuette. D'une tristesse indéniable, il veut dire quelque chose. Pour traduire sûrement son amitié. Mais il n'a que le regard comme moyen de communication. Lou Y secoue la tête et le corps. Au bout d'un quart d'heure le jeune homme s'en va.

Maly, Rundy, Chak Riya se concertent :
- Il a été navré de ne pas pouvoir communiquer avec nous.
- Surtout ne pas parler la langue de son père signifie pour lui une tyrannie.
- Si nous savions le nom de son père et si nous partions pour la France, nous ferions la recherche.

Cette courtoisie humaine que le jeune homme franco-vietnamien et les jeunes Chhuor ont apprise sur deux terres différentes est l'unique notion commune qu'ils ont échangée. L'amitié née du silence, dans la tragédie, marque une nouvelle étape de la vie. Même sans parole, les hommes peuvent s'exprimer.

*

Maly emmène ses sœurs et son frère à l'hôpital pour faire la connaissance du docteur Phuc. Etant séparés de leurs frères aînés, les jeunes Chhuor trouvent en ce médecin un ami.

Heureusement ils ont appris le français. Cette langue renommée est un pont qui unit des personnes qui ne parlent pas la même langue. Ils remercient la France de leur avoir transmis sa culture. Et ils avaient raison d'aimer cette culture venue d'ailleurs. La vie leur prouve qu'il faut toujours aimer quelque chose : langues, cultures différentes…

L'homme poli s'intéresse à tous les membres de la famille. Mais les Chhuor ne se permettent pas de déranger longtemps ce médecin. Maly annonce :

- Merci de votre accueil, nous vous laissons.

- Prenez ces médicaments en cas d'attaque, dit le médecin en tendant aux Chhuor un paquet de médicaments.

Soudain, un homme survient. Sous le coup de la colère, il gronde le docteur Phuc en vietnamien. Maly fait signe à ses sœurs et à son frère de se retirer. Les Chhuor sont très peinés que ce médecin soit attaqué par son collègue. En chemin Maly raconte aux siens :

- C'est l'homme qui m'avait donné des médicaments. A mon avis, il est un médecin révolutionnaire. Il parle cambodgien avec un accent vietnamien. Cela prouve qu'il a été au Cambodge.

- Pourquoi a-t-il insulté le docteur Phuc ? demande Chak Riya.

- A mon avis, dit Rundy, il est plus gradé que le docteur Phuc.

- Certainement, confirme Maly.

- A chaque fois que le docteur Phuc nous appelait par les faux prénoms je sursautais, dit Chak Riya.

- Combien de temps serons-nous obligés de porter ce pseudonyme ? demande Sethy.

Maly, Rundy, Chak Riya et Sethy marchent et marchent, sans but. Ils avancent leurs pas vers un destin inconnu. Cependant le docteur Phuc est dans son pays. Mais son idée fixe : s'évader. Tout est allusion. Dans la foi cambodgienne, rien ne nous appartient. Le pays ou n'importe quoi. Les Chhuor ne sont plus considérés comme Khmers. Ils n'ont plus d'identité.

L'obscurité règne sur Tan Chau. Après le repas, les trois sœurs s'empressent d'aller au cours du soir d'alphabétisation. La classe est remplie d'élèves. Ils sont tous des enfants, des préadolescents. Les trois jeunes filles Chhuor sont très gênées d'être les plus âgées. Il y a deux maîtresses : deux jeunes femmes âgées d'environ vingt ans. Elles sont sympathiques. Les élèves répètent après les enseignantes. Ils crient à tue tête à vous briser les tympans. Les trois sœurs sont obligées de répéter comme eux, mais sans hausser la voix.

A la fin du cours, les deux enseignantes s'adressent aux trois sœurs dans leur langue en souriant. Et puis elles font signe aux trois réfugiées de les suivre. Les deux institutrices s'arrêtent devant un marchand de boissons glacées. Elles invitent les trois sœurs à prendre de la boisson.

En quittant les deux jeunes femmes, Maly, Rundy et Chak Riya s'interrogent :

- Pourquoi sont-elles gentilles avec nous ?
- Par amitié ou s'agit-il d'un piège ?
- Du Cambodge au Vietnam, nous attirons l'attention des gens. Ceci n'est pas un avantage, voire même source d'ennui.

Attirer l'attention d'autrui cause deux effets inverses. Lors de la vie sous la dictature des Khmers rouges, à cause de cette attirance, le petit chef révolutionnaire avait désigné les trois sœurs pour un dur travail. Pour la même cause, *neary* chauve, une déportée désignée comme chef, était intervenue pour les aider. (*neary*, mot sanscrit qui signifie femme) Cette jeune femme a été ensuite punie par le petit chef.

Les trois sœurs continuent la discussion :

- De toute manière, dit Chak Riya, j'arrêterai ce cours du soir. Je ne supporte pas d'être avec ces gamins criards.
- Moi également, dit Maly, tant pis pour l'avenir. Mes neurones sont incapables de fonctionner pour recevoir l'instruction.
- Nous ne resterons pas longtemps au Vietnam, ajoute Rundy, je le sens.

Le jour est remplacé par la nuit. Ce cycle du temps ne fait que se répéter. L'année académique va bientôt arriver à son terme. Nous sommes fin décembre 1975. Dans la petite maison, les Chhuor se tracassent de cette vie sans point de repère. Les autres personnes ont probablement des activités. Mais les Chhuor chôment. Les corbeaux traversent l'espace en criant. Leur cri rauque est source de mélancolie. Le soleil est radieux. Le ciel est bleu. Mais quand rien ne va, la plus belle couleur du monde devient terne. Les jeunes Chhuor attendent leur mère en comptant les heures, puis les minutes. Ils ne sont plus des petits enfants. Mais la tragédie change le comportement de l'homme. La séparation des autres membres de la famille les unit très fort. Le seul côté positif de leur malheur : cet amour familial né de la tragédie.

Au crépuscule, Madame Chhuor est de retour. Une lueur de joie jaillit de son visage. Ce qui présage une bonne nouvelle. Les enfants sont impatients. Assis sur le plancher, ils attendent l'explication maternelle. Elle se mit sur le plancher également. Entourée de ses enfants, elle raconte :

- La voyante a dit que cette maison n'est pas bénéfique. Nous devrons partir d'ici.

- Mais où allons-nous ?

- Je n'en sais rien. Ce qui est sûr, nous partirons au moment du têt. (têt c'est le nouvel an chinois et vietnamien.)

- C'est bientôt.

- Oui, au nouvel endroit, nous rencontrerons de grands hommes. Ils nous aideront.

- De grands hommes qui nous aideront ?

- Certainement. La voyante m'a montré des rois sur les cartes.

- De grands hommes dans un pays inconnu ? C'est une incroyable histoire !

- Mais tout était écrit, avait affirmé la voyante. Nous sommes protégés.

- Puisqu'elle a prédit de bonnes choses, il faut y croire.

Désespéré, l'être cherche un appui dans la foi et les phénomènes surnaturels. La foi devient nécessaire. Adepte de la science, avant la tragédie, Maly était rationnelle. D'esprit scientifique, les trois sœurs n'ont pas cru à l'art divinatoire. Mais à l'approche de la prise du pouvoir par des Khmers rouges, bien des gens étaient mécontents des prédictions des voyants qui avaient annoncé la catastrophe : vie sans abris, famine, maladie, décès... Enfin, les événements tragiques s'étaient déroulés exactement comme avaient dit les devins. Tous les Cambodgiens ont connu les prophéties de Puth, existant depuis plusieurs années.

Phnom-Penh, la capitale du Cambodge, se videra.

Les logements seront démunis d'habitants. Les rues seront dépourvues de passants.

Le sang atteindra le niveau du ventre d'éléphant.

Il y avait une liste de prophéties. De génération en génération, on ne répétait que les principales sans y croire. On se disait : un tel événement ne pourra jamais se produire. En fait, ces prophéties se sont réalisées. Tout est mystère. Ce sont des phénomènes inexplicables.

A présent, les Chhuor ont besoin de croire au surnaturel pour survivre. Rassurés par la bonne prédiction, ils avalent les mets le cœur joyeux. Ces grands hommes existeraient-ils vraiment ? Il est inutile de brûler les étapes. Laissons donc au temps d'accomplir son travail.

*

La terre continue à tourner inlassablement. Le présent devient le passé. Le futur le présent. Dire à la terre d'interrompre sa rotation et au vent de suspendre son vol est impossible. Vivre sans activité est effrayant. Ce chômage lié aux événements, cette vie sans repère, sont des cercles vicieux. Cette existence ne peut pas perdurer. Les Chhuor croient aux décisions du destin. Mais il faut faire quelque chose pour tourner ce destin à notre faveur. La discussion familiale est ouverte.

Madame Chhuor annonce :

- Un jour, nous n'aurons plus de bijoux à vendre. Que faire ? Notre bien n'est pas inépuisable.

- Il faut partir d'ici, dit Rundy.

- Nous irons à Saigon, la capitale, ajoute Chak Riya.
- Là-bas, continue Sethy, j'espère pouvoir trouver du travail.
- Demain, assure Maly, j'irai voir le docteur Phuc. Je lui demanderai conseil.

*

Le soleil émet ses rayons lumineux sur Tain Chau. Cette journée est une journée importante pour les Chhuor. La décision prise, l'espoir renaît. Rester dans un endroit en attendant le miracle relève du néant. Maly se dirige vers l'hôpital. Le docteur Phuc est là.
- Bonjour docteur !
- Bonjour Kim Ly !
Elle sursautait à chaque fois qu'elle entendait son faux prénom. Le docteur Phuc dit :
- A mon avis, Kim Ly est votre prénom de baptême.
- J'ai un conseil à vous demander, interrompt Maly pour détourner son interlocuteur de son idée fixe.
- Je vous écoute.
- Nous avons l'intention d'aller vivre à Saigon.
- A Saigon ? C'est de l'inconscience. Là-bas, les gens vivent dans la privation. Ils vendent le toit de leur maison pour survivre. En outre, c'est dangereux pour les jeunes filles. Les voleurs sont partout.
- Mais nous décidons d'y aller quand même.
- Allez plutôt dans la nouvelle zone économique.
- Non, les gens nous l'ont déconseillé. Il paraît que c'est dangereux. Notre décision est prise : Saigon.
- Puisque vous tenez à y aller, je vous donne quelques adresses. Vous irez d'abord chez mon amie. Ensuite à Caritas. A cet endroit il y a des bonnes sœurs. Elles sont gentilles. En dernier : la Croix Rouge vietnamienne. Enfin, n'oubliez pas d'aller voir de ma part le père supérieur Jacques de Leffe. Il se trouve au centre d'Alexandre de Rhodes. Il est d'une très grande bonté. Je suis bouddhiste, mais je fréquente les catholiques.

Le médecin prend un papier. Il note des adresses. Puis il écrit quelques mots en vietnamien sur un papier.
- Tenez, dit-il.
- Merci infiniment.
Avant de rentrer à la maison, elle passe chez un immigré du Cambodge. Entre exilés, la relation est facile. On n'a pas besoin de connaîtes les gens pour leur demander quelque chose.
- Oncle, pourriez-vous me lire cette lettre ?
- Bien sûr.
Elle quitte cet homme. Impatiente de voir les siens, elle presse le pas. Aussitôt arrivée, elle annonce :
- Nous pourrons partir pour Saigon, voici des adresses et une lettre.
- Qu'est ce qu'il a raconté dans cette lettre ? demande Rundy.
- Je l'ai déjà vérifié. Le docteur Phuc a recommandé à son amie de s'occuper de nous.
La décision est prise. Mais il faut de l'argent pour vivre et voyager.
- Je vais vendre quelque chose, suggère Rundy.
- Prends cette bague en diamant, dit Madame Chhuor.
Une heure après, Rundy est de retour avec un paquet d'argent. Désormais on peut compter sur elle qui a un don caché : celui de la négociation. Toute la famille est contente de cette vente.
Madame Chhuor donne son avis : « Nous ne pouvons pas partir ensemble. Nous ne savons pas où nous serons logés. Je partirai avec Maly pour nous renseigner. Je vais demander l'autorisation au chef du quartier. »
On ne peut pas circuler sans autorisation. Tout est contrôlé pour vérifier le mouvement des habitants. Prétextant d'aller voir les parents dans la capitale, Madame Chhuor a enfin obtenu la feuille de circulation. Saigon se trouve à environ 100 kilomètres de Tain Chau. Normalement pour aller à un endroit il faut connaître sa destination, faire des projets, tracer des plans. Habitués à l'aventure, les Chhuor n'ont pas besoin de prévoir. Ils se laissent tout le temps guider par le courant du destin.

Cette nuit est différente des autres. Car le lendemain la famille sera séparée. Une partie restera sur place, une autre ira explorer la capitale. La mère et cinq enfants ressentent une vive émotion. Ils vivent au jour le jour sans trop penser à l'avenir. Prendre une décision est source d'espoir.

*

Janvier 1976, toute la famille se lève à quatre heures du matin. Madame Chhuor fait mille recommandations aux enfants. Sachant que ce n'est qu'une séparation provisoire, les Chhuor ne ressentent pas de l'angoisse. La vie est pleine de mystère. A cinq heures, Madame Chhuor et Maly quittent le reste de la famille.

Chapitre 3

Saigon, Prey Nokor

(L'ancienne terre cambodgienne)

Le car est rempli de passagers. La destination : Saigon, la capitale du sud Vietnam. A présent le Nord et le Sud sont unis. Saigon n'est plus la capitale, mais Hanoi. Madame Chhuor et Maly sont plus que malheureuses. Dépassant le seuil de la souffrance, le malheur paraît négligeable. Il existe chez les êtres humains un mystère, une force incroyable pour résister contre la dureté de vie.

Depuis son enfance, Maly adorait la campagne, les rizières, les champs, le paysage, les arbres, les plantes, les fleurs, les oiseaux, les insectes. A ses yeux, tout était beau. Le chant des oiseaux, le gémissement du vent étaient musique. Le clapotement des gouttes de pluie sur le sol était mélodie. Le parfum des fleurs, des plantes la transportaient dans un monde féerique. Souvent elle se laissait bercer dans la rêverie. Avec ses sœurs, ses amies, elle s'amusait dans la nature, sous la pluie. Quand il pleuvait, tous les enfants sortaient de la maison pour être en contact avec les gouttes d'eau. C'était la joie. Cet amour pour la nature poussait Maly à choisir des études de sciences naturelles. Rundy aussi était dans ce domaine. Chak Riya, elle, la pharmacie. En botanique, il fallait connaître des centaines de noms de fleurs en latin. Il fallait savoir les classer dans leur famille, leur genre. Tout est illusoire. La révolution a tout changé. Pour Maly, il n'y a plus de place dans son cœur ni pour les fleurs, ni pour le paysage, ni pour les oiseaux. Quand elle était enfant, sur le hamac, elle lisait inlassablement les œuvres classiques khmères. Emerveillée par la description des forêts, des fleurs, du portrait, des aliments, elle revenait à plusieurs reprises sur le même passage comme si l'avenir lui promettait une plume pour la narration. En ce moment, le paysage défile devant elle. Cette nature pourrait être la plus belle du monde, mais rien ne l'intéresse. Devant elle s'étend le vide, l'incertitude de la vie. Elle devient un objet inanimé dans un corps vivant.

Craignant d'attirer l'attention des autres voyageurs, la mère et la fille ne se parlent pas. Le bruit du moteur de l'automobile est désagréable. Mais cela ne suscite aucun effet sur les deux voyageuses. De temps en temps le car s'arrête pour déposer et prendre les voyageurs. A chaque arrêt, des marchands, femmes et enfants présentent de la nourriture aux passagers.

Vers midi, tout le monde descend de la voiture. Madame Chhuor et Maly suivent l'exemple des autres sans rien comprendre. En fait, c'est le passage du pont. Tous les voyageurs doivent quitter le véhicule pour éviter la surcharge. Ensuite tout le monde remonte dans la voiture pour continuer le voyage.

Vers quinze heures, la frontière de la ville apparaît. Le car s'arrête. On descend : c'est le terminus. On voit des immeubles en pierres. La circulation est intense. Les rues sont bondées de véhicules notamment de bicyclettes et de cyclo-pousses. De nombreux piétons envahissent les trottoirs. Etant habituées pendant plusieurs mois à une vie de déportées dans la forêt, Saigon devient une ville géante pour la mère et la fille.

Se souvenant du propos du docteur Phuc, à voix basse Maly explique à sa mère :

« Nous devons prendre un cyclo-pousse pour aller chez l'amie du docteur Phuc. ».

Tout à coup un homme s'approche. Un Vietnamien certainement. Un quinquagénaire. Poliment, il pose la question en français.

- J'ai été professeur de sport au Cambodge. Où allez-vous ?
- Nous allons à cette adresse, répond Maly. Elle montre le papier à l'inconnu.
- Je vous accompagne.

Aidées par un homme du pays, la mère et la fille se sentent en sécurité. Ne sachant pas la langue vietnamienne le risque d'un danger est grand. Cet homme n'a pas l'air dangereux. C'est un bon accompagnateur. Les deux femmes montent sur un cyclo-pousse. Le professeur de sport est à bicyclette. Les trois personnes traversent la capitale. Au bout d'une demi-heure, ils arrivent à destination, à la première adresse indiquée par le docteur Phuc. Le professeur de sport se renseigne auprès des habitants de ce lieu. Les gens lui disent que le nom recherché n'existe pas.

L'homme dit : « Nous irons à la deuxième adresse. »

Une demi-heure après, le centre religieux Caritas apparaît. Les trois personnes sont accueillies par deux religieuses chrétiennes : une Vietnamienne, une Européenne. Persuadé que sa mission est terminée, l'inconnu se retire.

Maly explique en français aux deux religieuses :

- Nous sommes Cambodgiennes. Un médecin nous a donné votre adresse.

- Nous n'avons plus le droit d'héberger quelqu'un. Ce médecin vous a-t-il indiqué un autre endroit ?

- Oui, mes sœurs, la Croix Rouge.

- Nous vous emmènerons à cet endroit.

Les deux religieuses invitent la mère et la fille à monter dans une voiture. Au bout d'un quart d'heure les quatre arrivent à la Croix Rouge Vietnamienne. Elles sont accueillies par une femme asiatique, âgée d'une trentaine d'années. Leur mission étant achevée, les deux religieuses se retirent. Par chance, la jeune femme de la Croix Rouge parle cambodgien :

« Je vous conseille d'aller à la pagode khmère. Là-bas, il y a des Cambodgiens. Je vais appeler un cyclo-pousse pour vous.

La jeune femme appelle un cyclo-pousse. Après avoir remercié celle-ci, la mère et la fille montent dans le véhicule. En chemin, elles voient apparaître le professeur de sport. Il dit :

- Je vous ai quittées, mais je vous rencontre de nouveau.

- Nous allons à la pagode cambodgienne, explique Maly.

- Puisque c'est ainsi, je vous réaccompagne.

L'inconnu croit faire son devoir. La mère et la fille se sentent rassurées d'être accompagnées d'un homme de cœur. A chaque minute il se passe toujours quelque chose. Nous ne pouvons rien prévoir d'avance. L'homme suit le cyclo-pousse sans prononcer un mot. Enfin la pagode est en vue. Elle se trouve dans le Nord de la ville, le troisième quartier, dans la rue Nguyên Van Troi. Son nom en cambodgien : pagode *Chantaraingsey*. (mot sanscrit qui signifie lumière de la lune).

Se sentant dégagé de responsabilité, le brave homme dit :
« Maintenant, je pense pouvoir vous quitter. »

La pagode est inondée de monde. On entend les gens parler cambodgien. Les compatriotes sont là. Ils ont pu quitter le Cambodge. La mère et la fille sont enfin soulagées.

L'édifice est composé d'une grande cour bordée de bâtiments en pierre à deux étages de couleur jaune claire. Au centre se trouve un temple dont le décor est de style khmer. Son toit est formé de coins pointus. Près du temple il y a un grand arbre : *le bodhi*. C'était sous cet arbre, en Inde, que le Bouddha atteignit l'illumination.

La mère et la fille franchissent la porte de l'enceinte. Soudain, elles entendent un appel :

- Tante Huor, Maly, où allez-vous ?
- Grand frère Téng, vous habitez ici ? demande Maly.
- Oui.
- Nous venons à Saigon pour nous renseigner sur la vie d'ici, explique Madame Chhuor, mes autres enfants se trouvent à la frontière.

Téng est âgé de trente ans, il est ami de Kuong, le deuxième fils de la famille Chhour qui était commandant dans l'ancien régime.

Le jeune homme suggère :

- Allez chercher les autres membres de votre famille. Puis, installez-vous ici entre nos compatriotes. A Saigon, nous pouvons déclarer que nous sommes Khmers.
- Voilà une très bonne nouvelle, répond Maly.
- D'abord allez-vous inscrire auprès du représentant de la pagode. Cette nuit, vous logerez dans notre pièce.

Téng emmène les deux femmes à l'endroit où habite sa famille : sa femme, ses deux fils, sa belle-famille. Dans cette salle habitent aussi deux autres jeunes Cambodgiens. Tous les réfugiés cohabitent dans différentes pièces. Cette pagode se trouve sous le contrôle de l'autorité vietnamienne du quartier. Auparavant, à cet endroit, demeuraient de nombreux bonzes. Mais à présent il n'en reste que deux, d'âge avancé. L'un est surnommé le vénérable grand-père gentil. L'autre le vénérable grand-père sévère.

Téng continue l'explication :

« On peut faire la démarche afin de partir pour la France. Mais s à condition d'avoir de la famille en France. »

La mère et la fille passent une nuit tranquille à la pagode, entre compatriotes, sous la protection de Bouddha. Sans cette pagode, où la mère et la fille passeraient-elles la nuit ? Il faut dès lors croire au miracle.

*

Le soleil émet ses rayons sur Saigon. La pagode est animée par un grand nombre de réfugiés. Les enfants sont nombreux. Laissant sa mère à la pagode, Maly va découvrir la capitale et chercher le père Jacques de Leffe. Elle n'a jamais eu de contact avec des religieux catholiques. Mais cela ne pose pas de problème. Elle marche, marche, toute seule, dans une ville inconnue. Elle réalise enfin qu'elle n'est pas sur un lieu étranger. Saigon était en réalité une terre cambodgienne. Son ancien nom en cambodgien : *Prey Kor (*forêt de kapotiers*)* ou *Prey Norkor (*cité de la forêt). L'histoire du Cambodge, elle l'avait apprise à l'école primaire, puis au collège.

Débuts de l'histoire

C'est au premier siècle de l'ère chrétienne que commença l'histoire du Cambodge. Selon des légendes écrites cambodgiennes, le Cambodge se nommait *Kouk Tlok* (la terre ferme de l'arbre *Tlok*). Il sera plus tard *Srok Khmer (*pays des Khmers*)*. Les habitants de *Kouk Tlok* se nommaient *Neak* en sanscrit *Nâga* (dragon ou serpent mythique). Plus tard on les appellera Khmers. Les Chinois appelèrent ce pays *Fou-nan*. C'est une déformation du mot khmer ancien *Bnam* qui devient *Phnom*

Selon la chronique chinoise : « *Jadis, ce pays avait pour souverain une femme appelée Lieou-ye. Puis, il y eut un homme du pays Ki, Houen-t'ien, qui rêva qu'un génie lui donnait deux arcs, et lui ordonnait de monter en jonque et de prendre la mer. Houen-t'ien, au matin, se rendit au temple du génie, et, au pied d'un arbre, trouva l'arc. Alors il monta en jonque et se dirigea vers le Fou-nan. Lieou-ye vit la jonque et amena des soldats pour lui résister. Mais Houen-t'ien leva son arc et tira de loin (une flèche) qui, traversant une paroi d'un navire, alla à l'intérieur frapper quelqu'un. Lieou-ye eut peur et se soumit. Houen-t'ien en fit ensuite sa femme...* » (Bulletin de l'Ecole Française d'Extrême-Orient).

Selon la légende cambodgienne, un prince hindou, Kaundinya aurait épousé la fille du roi *nâga*, la *nâgî* Somâ, princesse serpent, divinité des eaux. En guise de dot, son beau-père aurait avalé l'eau environnante pour son gendre. Ainsi naquit un nouveau royaume : le Cambodge.

Les habitants de Fou-nan étaient des commerçants prospères, aimant le luxe. Comme marchandises, ils avaient l'or, l'argent, les soieries. Ils commerçaient avec la Chine, l'Inde, l'Occident dont Rome. Ils fondaient de la vaisselle en argent, des bagues et des bracelets en or. Leurs maisons étaient sur pilotis. Sous l'influence indienne, le Fou-nan développa rapidement une civilisation évoluée. Il atteignit son apogée au Vème siècle et contrôlait un vaste territoire. Les Founanais construisaient des bateaux, des villages fortifiés, des palais, des temples. Ils avaient des livres, des bibliothèques. On payait des impôts en or, en argent et en parfum.

Les mentions des historiens chinois, envoyés de l'empereur, qui ont visité Fou-nan au IIIème siècle, ont permis de prouver que cet Etat était pourvu de plusieurs vaisseaux gouvernés par de petits rois. Chaque année, ils prêtaient serment de fidélité et payaient un tribut. C'était un des Etats importants de l'Asie du Sud-est ; Etat maritime, il s'étendait sur la côte indochinoise, du golfe de Siam jusqu'au centre du Vietnam. Sa capitale se trouvait à Ba Phnom ou Angkor Borei.

Les fouilles de L. Malleret dans les années 40 ont permis de confirmer les recueils des envoyés chinois qui ont décrit que les

Founanais étaient des navigateurs expérimentés et constructeurs de gros bateaux. Le site côtier d'Oc-èo (au Vietnam) a livré des vestiges religieux, portuaires, et des objets d'origine géographique diverse : Chine, Inde, Iran, Rome. Parmi ces objets : parures de style indien en or et en étain, ornements gravés brâmi, médaillons romains (Antonin le Pieux, 152 ap J.C., Marc Aurèle).

Tchen-la, nom que les Chinois ont donné pour le Cambodge. Ce royaume était lié au Fou-nan. Mais il avait une certaine autonomie. Selon la légende dynastique attachée au royaume de Tchen-la, révélée par l'inscription du Xème siècle, les premiers rois de Tchen-la, Çutravarman et Çresthavarman étaient des descendants d'un couple mythique: Kambu et Merâ. L'ermite Kambu Svâyambhuva reçoit du Dieu Çiva une nymphe céleste en mariage, la belle Merâ. (Kambu Svâyambhuva était l'ancêtre éponyme des habitants de Kambujadeça « Le Cambodge »). Le mot *Khmer* provenait vraisemblablement de l'union de Kambu et de Merâ.

Dans la deuxième moitié du VIème siècle, Bhavarman, un prince du Fou-nan devint souverain de Tchen-la grâce au mariage avec la princesse de ce royaume. Les preuves épigraphiques prouvent l'existence de la capitale Bhavapura créée par Bhavarman. Ce roi ayant fait la conquête de Fou-nan, fonda le royaume du Cambodge.

Fou-nan a vraiment cessé d'exister en tant qu'Etat. Les Khmers de Tchen-la développèrent la technique pour maîtriser les crues et le système hydraulique pour utiliser au mieux les ressources aquatiques. Ils étaient doués aussi en art comme en témoignent les magnifiques sculptures préangkoriennes.

Quelques grands rois d'Angkor

En 802, Jayavarman II fonda la royauté angkorienne. Il fut sacré *Chakravartin* « souverain universel » sur le Phnom Kulen, sous la protection du dieu Çiva. Il instaura le culte du *devarâja* (dieu roi). (*Chakravartin* signifie [celui] qui fait tourner la roue).

Yaçovarman (889-910) se fit sacrer roi suprême des rois khmers. Il créa la première ville Angkor appelé Yaçodharapura. Le centre de Yaçodharapura était le temple royal dont les cinq sanctuaires sont élevés sur l'éminence de la colline naturelle Phnom Bakheng. Il fit édifier le Baray gigantesque appelé Yaçodharatâka ou Baray oriental.

Sûryavarman II (1113-1150 ?), un grand roi conquérant. Sa gloire éternelle est d'être le fondateur du temple Angkor Vat, le temple le plus parfait, le plus harmonieux, le plus équilibré des temples khmers. Angkor Vat est dédié au Dieu Vishnu.

Jayavarman VII (1180-1218 ?), dernier grand souverain angkorien, demeurera le plus grand des rois khmers. Il fut sacré en 1181. Il écrasa les Chams au cours de plusieurs batailles. Les artistes ont représenté sur le bas-relief du temple Bayon un gigantesque combat naval opposant Khmers et Chams. Son autorité s'étend sur un vaste empire, du cours moyen de la Menam jusqu'à la côte du centre Vietnam. Angkor atteignit alors l'apogée de sa puissance et de son épanouissement artistique. Ce roi fit du bouddhisme Mahayana la religion d'Etat. C'était un bouddhiste fervent, compatissant à la souffrance de ses sujets. Une inscription précise qu'il souffrait plus de la douleur de ses sujets que de la sienne propre. Il fit édifier une quantité considérable de monuments et beaucoup d'hôpitaux (au nombre de 102). Ces œuvres importantes sont : Angkor Thom avec le Bayon et ses « tours à visages », les temples de Banteay Kdei, Ta Prohm et Preah Khan.

Angkor était la base d'un puissant pouvoir militaire et politique. Il était aussi le cœur d'une civilisation riche et élaborée. Ce qui fait la richesse d'Angkor c'est la construction d'un système de réservoirs immenses (les Baray) et de larges fossés. La maîtrise de l'eau a permis le développement économique de l'agriculture. Pour les anciens ambassadeurs, Angkor paraissait comme un véritable paradis sur terre. Hautaine, fière, la cité d'Angkor fut conservée par les génies khmers comme un héritage pour l'humanité. Cette merveille, ce lieu sacré inspire à la fois respect et admiration.

Tcheou Ta Kouan, l'ambassadeur chinois qui séjournait à Angkor au XIIIème siècle écrit ces mémoires sur les coutumes au Cambodge :

« *Ce sont, pensons-nous, ces monuments qui ont motivé cette louange du « Cambodge riche et noble » que les marchands d'outre mer ont toujours répétée...*

Les contestations du peuple, même insignifiantes, vont jusqu'au roi.

J'ai entendu dire qu'à l'intérieur du palais il y a beaucoup d'endroits merveilleux ; mais les défenses sont très sévères, et il m'a été impossible de les voir.

Pour ce qui est de la tour d'or à l'intérieur du palais, le souverain va coucher la nuit au sommet. Tous les indigènes prétendent que dans la tour il y a un génie qui est un serpent à neuf têtes, maître du sol de tout le royaume. Ce génie apparaît toutes les nuits sous la forme d'une femme. C'est avec lui que le souverain couche d'abord et s'unit... Si une nuit le génie n'apparaît pas, c'est que le moment de la mort du roi barbare est venu. Si le roi barbare manque une seule nuit à venir, il arrive sûrement un malheur... »

(Mémoires sur les coutumes du Cambodge de TcheouTa Kouan : traduit Paul Pelliot)

Dans son ouvrage *Les Khmers,* André Migot rapporte :

« *Dans cette société d'organisation primitive, les femmes jouissaient d'un grand prestige, reliquat de matriarcat ancestral. Elles étaient très libres, se livraient au commerce, prenaient une part active aux affaires de l'Etat, remplissaient parfois une très haute fonction administrative, y compris celle de juge. Certaines étaient renommées pour leurs connaissances astrologiques et scientifiques, d'autres comme maître religieux...* »

En 1431, Angkor fut abandonnée. La capitale se déplaçait.

Chey Choetha ou Chey Chesdha construit un palais à Oudong. Il épousa en 1620 une princesse, fille du roi d'Annam. Elle était d'une grande beauté. Le roi l'avait élevée à la dignité de reine. Elle sut se faire aimer et avait un grand ascendant sur le roi. En 1623, une ambassade annamite apporta de riches présents et obtint de Chey Chesdha l'autorisation de fonder des comptoirs dans le sud du royaume (Prey Kor) qui deviendra Saigon.

La dernière capitale du Cambodge est fixée définitivement à Phnom Penh.

*

La victoire du 17 avril 1975 des Khmers rouges transforme le pays du sourire, de beauté, en terre de tragédie. La population est déportée vers les zones dites zones libérées. Le travail forcé, la famine, les maladies, les massacres entraînent de nombreux morts.

En quelques mois, la famille Chhuor, si unie, se trouve dispersée. Il ne reste que la mère, cinq filles et un fils adolescent. La famille de Sim, la fille aînée, est composée également de six personnes : la mère, quatre filles et un fils. Ces femmes sont au seuil de la mort. Elles rassemblent le peu de force qui leur reste pour s'évader et sauver leur vie. Elles osent prendre des risques énormes en transgressant les interdictions des Khmers rouges. Leur solidarité crée une montagne d'énergie.

La famille Chhuor fit le serment de raconter la tragédie dont furent victimes les siens et tant de ses compatriotes. Le père est arrêté par les Khmers rouges armés, lors d'une nuit pluvieuse. La sœur, Mony, est décédée à l'âge de 16 ans. Le frère, Seila à 18 ans. Trois autres frères sont séparés sans laisser de trace. La moitié de la famille Chhuor se trouve à présent dans un autre pays. Aura-t-elle l'occasion d'accomplir son serment ?

*

Maly est seule dans une ville inconnue, de surcroît sans savoir la langue du pays. Mais ayant franchi maints obstacles, on est endurci. La grande épreuve immunise. Elle marche, marche, et arrive à destination. Le centre Alexandre de Rhodes est grand. Il est rempli de jeunes gens et de jeunes femmes qui viennent assister à la messe.

La langue vietnamienne a été romanisée (Quôc-ngu) par des missionnaires européens au cours du XVIIè siècles. Parmi eux, le jésuite Alexandre de Rhodes avait joué un rôle important pour cette romanisation. L'écriture romanisée, contre l'écriture chinoise, n'a été vraiment connue qu'à partir du début du XXème siècle et n'est devenue obligatoire qu'après 1945.

Maly interroge en français un jeune homme, un Vietnamien certainement :
- Je recherche le père Jacques de Leffe. Ma famille vient du Cambodge.
- Vous avez fui les Khmers rouges. Ils étaient contre vous : vous êtes notables.

Elle ne répond pas. Mais ce mot notable l'effraie. Véhiculer cette image de notable est ennuyeux. Sous la domination des Khmers rouges sa famille était repérée par ceux-ci. Ban, ancien ouvrier, devenu chef des déportés, avait prévenu les Chhuor du danger. Il les avait aidés à s'évader. A présent, ce problème va ressurgir. Un cercle vicieux. Mais comment faire pour éliminer cette apparence fâcheuse.

Le jeune homme continue :
« Je m'appelle Kim. Je vous emmène voir le père B, responsable du centre. Je vous attends dehors pour vous emmener chez vous. »

Elle n'a rien demandé. Mais ce jeune homme veut lui rendre service. Il est respectueux. Il n'y a aucune raison d'avoir peur de lui. Elle suit celui-ci pour aller au bureau d'accueil.

Le père B se montre. C'est un occidental quinquagénaire, mesurant au moins 1 mètre 85, il est sympathique. Mais ses yeux bruns, profonds expriment une tristesse. Il regarde la réfugiée comme si elle était une extraterrestre. Ce n'est pas la première fois qu'elle s'est heurtée à ce regard, mais tout au long de sa vie, depuis même son enfance. Elle se promenait. Une femme alerta les autres : « Regardez cette fillette ! » Il était difficile de percer le secret de ces regards indiscrets. Elle obtint une réponse quelques mois avant la prise du pouvoir par les Khmers rouges. Il faut que la terre tourne un peu plus de vingt fois pour détenir une explication. Cette explication était-elle

bonne ? C'était Chany, son amie du lycée, qui lui révéla l'histoire :
- Sais-tu, Maly, tu n'es pas comme tout le monde.
- Pourquoi ?
- C'est à dire, il y a en toi une force attractive. Tu attires l'attention d'autrui. En réalité, tu n'as rien fait pour attirer les gens.

Après une pause, Chany continua :
- Ce n'est pas la beauté qui attire. Mais le mystère. Tu es un mystère. Tu dois faire attention. Tu es vulnérable.

Chany n'était pas la seule à faire ces remarques. D'autres amies aussi lui révélèrent le secret de sa vie. Personne ne se voit. Nous n'existons qu'à travers des autres. Etre prisonnière des regards rend la vie difficile. De ce fait, nous ne sommes pas libres de nos mouvements. Chany conseilla à Maly d'être vigilante. S'agissait-il de la prémonition ? Chany était une jeune fille qui avait un peu plus de vingt ans.

Ses parents, ses sœurs et ses frères se trouvent-ils dans la même situation qu'elle ? Une voisine dit à Madame Chhuor : vos enfants sont tous aimables. Comme le monde n'est pas fait de l'homogénéité, attirer la sympathie suscite également l'hostilité. Dans le district de Prêk Phnau, le lieu de naissance des Chhuor, Monsieur Chhuor était aimé par les habitants et même les enfants. Quant à Madame Chhuor, dans sa jeunesse, elle avait la réputation d'être une femme intelligente et belle. Dès lors, elle était la fierté de sa belle-mère, femme aisée de la région. Au début du mariage, sa belle-mère l'emmenait partout afin de la présenter aux amis. Les deux femmes s'entendaient merveilleusement. Tout le temps, Madame Chhuor racontait à ses filles l'histoire de la grand-mère, incomparable belle-mère, femme exceptionnelle. Cette grand-mère était reconnue comme personne généreuse et pieuse. Elle fêtait souvent les cérémonies bouddhistes en invitant les bonzes et les habitants de canton à la maison. Elle fit construire deux lieux de méditation afin que les gens puissent se réunir. Certaines personnes âgées pouvaient venir séjourner et se nourrir chez elle. A chaque nouvel an, elle offrait des cadeaux de valeur à ces personnes. Elle était connue à Prêk Phnau. Sim, la sœur aînée racontait à ses sœurs cadettes que lorsque la grand-mère se déplaçait dans le village, les gens sortaient de leur maison pour lui dire des mots chaleureux. Aussi la bonne réputation de sa mère était-elle une des causes de l'arrestation de Monsieur Chhuor par les Khmers rouges. Ces derniers avaient considéré des personnes aisées comme impérialistes. Monsieur Chhuor n'avait pas la situation de sa mère. Mais les Khmers rouges tenaient compte du passé.

Les parents de Madame Chhuor étaient honnêtes, pieux et fraternels. Ils étaient bouddhistes pratiquants. Son père était renommé comme quelqu'un de brave, prêt à secourir autrui. Voyageur dans la forêt, parfois il avait rencontré des tigres. Mais connaissant la stratégie, il parvenait à faire partir ces fauves.

Les grands-parents des deux côtés avaient laissé la preuve de leur existence dans l'au-delà. Cela pour montrer qu'ils ont une vie dans le monde invisible.

Enfants, Maly, Rundy et Chak Riya ainsi que les autres enfants de Prêk Phnau formaient une microsociété à l'image des adultes. Le village leur appartenait. Le ciel aussi. Sous l'éclairage de la lampe céleste, ils jouaient jusqu'à épuisement. Le comportement de ces enfants était tout à fait normal. Les enfants ont besoin de se défouler, sinon ils tomberaient dans la dépression. Leur mère leur laissait un espace de liberté. A Prêk Phnau, adultes et enfants étaient unis. Ils vivaient comme frères et sœurs. Tout était collectif : joie et douleur. Toutefois, rien n'étant parfait, les chamailleries, les conflits existaient. Mais les conciliateurs étaient là pour apaiser la colère des deux côtés. Monsieur Chhuor était une des personnes écoutées.

Considérant Maly comme une enfant, le père B dit en souriant :
- Que puis-je faire pour toi ?
- Mon père, je cherche le père Jacques de Leffe de la part du docteur Phuc.
- Il n'est plus là. Actuellement, il est père supérieur à Rome. Ici, il l'était aussi.

En toute confiance, elle raconte au père B la tragédie de sa famille. Ce prêtre l'écoute avec compassion. C'est réconfortant d'avoir quelqu'un qui partage notre douleur. C'est la première fois qu'elle a évacué sa souffrance qui se cache dans son cœur meurtri. Enfin, sa famille avait raison de prendre la décision de s'évader en risquant la vie. Dans certaines situations, nous n'avons pas plusieurs choix. Il importe de prendre un chemin. En s'évadant, il y avait deux possibilités : mourir ou vivre. A présent, c'est vivre.

Le prête rassure :
- C'est justement au père Jacques de Leffe que je vais écrire pour ta famille. J'espère qu'il pourra vous aider à quitter le Vietnam.
- Je vous remercie infiniment, mon père.

Partir pour un pays d'accueil est un rêve. Ce rêve pourra enfin devenir réalité.
- Tu dois aller voir également le père V et le pasteur N. Le dernier est Suisse. Je vais leur écrire un mot.

Un instant après, le père B tend deux enveloppes à l'apatride.
- Tiens, deux lettres. Je te donne également un plan de Saigon. Viens me voir pour me donner des nouvelles.

Maly quitte le père B. Kim, le jeune homme se dirige vers elle. Elle part avec lui en moto. C'est mieux d'être accompagnée par lui que d'être seule dans cette ville dont le risque est grand. Dans la vie, il importe de faire le pour et le contre.

*

Rentrant à la pagode, elle se renseigne auprès des jeunes réfugiés sur l'adresse du père V et le pasteur N. Heureusement un jeune Vietnamien est là. Ancien étudiant en médecine à Phnom-Penh, il parle parfaitement cambodgien. Il se prénomme Thi.

Celui-ci se propose :
- Je connais bien la paroisse du père V. Demain, je pourrai vous accompagner.

- Merci. Je veux bien.

Tout de suite, il change de sujet :

- Les femmes cambodgiennes sont *number one* (mot anglais qui signifie numéro un*)*. Ce n'est pas le cas des femmes vietnamiennes.

Il veut dire certainement que les femmes khmères sont fières, voire hautaines. Ce n'est pas le moment de faire le débat à ce sujet avec lui. Il n'a pas compris que la plupart des femmes khmères sont plutôt réservées et distantes afin d'être respectées. Elles ne sont ni fières, ni hautaines.

Depuis des siècles, il existait le traité d'une morale pour les femmes : C*hbab srey* (*srey* signifie femme). Les vers sont rédigés selon le rythme de la marche du dragon. En matière de poésie, chaque thème à son rythme. La tristesse se traduit par le rythme *la réflexion du Braman*. La description *la marche du dragon* ou *les pattes de corbeau*. La colère *le mécontent du Brahmane*. La littérature khmère est riche. L'écriture existe depuis la période préangkorienne. Afin de conserver leurs œuvres pour l'éternité, les anciens gravaient des inscriptions sur pierre, sur feuilles de latanier. On trouve aussi les inscriptions sur papier en carton plié en accordéon, sur feuille d'argent ou feuille d'or comme support. Le dictionnaire, la bibliothèque existe depuis plus de deux mille ans. L'écriture khmère est un mélange de sanscrit, de pâli et de khmer. Le sens artistique et le goût du spectacle sont répandus au Cambodge. Tout devient art, même la vie quotidienne.

Madame Chhuor connaît par cœur le traité de morale pour les femmes, celui pour les hommes et les descendants. Maly avait étudié ce traité de morale pour les femmes au collège de jeunes filles : Norodom, un établissement prestigieux. On faisait des analyses sans appliquer scrupuleusement ces règles vieilles de mille ans dont certains conseils sont surannés.

Selon les us et coutumes, les femmes ne doivent pas s'extérioriser. Il ne faut pas parler trop fort, éviter d'être trop gestuelles. Il y a beaucoup de détails, longs à expliquer. Les jeunes filles Chhuor étaient non seulement sous la surveillance de leurs parents, mais aussi sous les yeux vigilants de leurs frères aînés. Avant la tragédie du Cambodge, malgré leur apparence de statuettes d'Angkor bien des femmes khmères étaient riches en humour. Cependant rire bruyamment, sans aucune réserve, devant les inconnus était interprété comme signe de vulgarité. Au collège Norodom, beaucoup d'élèves étaient douées pour créer une ambiance. Mais entre filles, on se permettait de rire, de s'amuser à son gré. Dans cet établissement, en plus du programme général, les élèves devaient suivre des cours de couture, de broderie, de puériculture, de cuisine, mais aussi des cours de bonnes manières. Auparavant il y avait des cours de musique.

Ce collège est sis en plein cœur de la capitale, sur le boulevard Norodom. Les bâtiments en pierre, teintés de jaune, couverts de tuiles rouges n'ont pas d'étage. A gauche de l'entrée il y a une statuette de Bouddha en méditation. La direction est décorée par des rosiers aux fleurs ravissantes. Dans la cour, il y a de grands arbres de la famille des légumineuses. Lors de la floraison le paysage est féerique. Partout on voit des fleurs roses, oranges. De temps en temps, les élèves sautaient pour cueillir des fleurs. Les surveillantes se précipitaient pour mettre de l'ordre : « Vous sautez, sans honte, sans retenue. » Au Cambodge, lors des fêtes, chaque établissement a sa couleur. Les jeunes filles du collège devaient porter des jupes en soie de même couleur. Le corsage était blanc. Quand on voyait une jeune fille porter la jupe de couleur vert clair, on disait *Collège*. *Collège* signifiait collège Norodom. Presque toutes les surveillantes du collège n'étaient ni mariées, ni mères. Ces surveillantes devaient se consacrer corps et âme à l'éducation et à la surveillance des élèves. Non seulement il fallait les aimer comme ses propres enfants, mais aussi les supporter. Des femmes aux nerfs fragiles ne pouvaient pas travailler dans ce collège : la majorité des élèves étaient des espiègles. Même les pieds des élèves n'échappaient pas au contrôle. Tous les matins lors du salut au drapeau, les surveillantes se penchaient vers le sol pour les examiner : certaines chaussures n'étaient pas autorisées. Le salut au drapeau était obligatoire dans les écoles primaires, les collèges et les lycées. Dès l'école primaire, il fallait se lever pour saluer tous les enseignants. Les cours d'instruction civique et de bienséance étaient introduits depuis l'école primaire. Toutefois le savoir-vivre khmer n'est applicable qu'au Cambodge, avait précisé l'enseignant.

Parfois, des élèves du collège de jeunes filles avaient subi le conseil de discipline pour avoir parlé, ri fort en public, dans la rue, lors des fêtes. La surveillante qui s'occupait de l'ordre était sévère. C'était pour cette raison que les élèves la surnommaient *Mère*. Mais aussi *P.M.* (prévôt militaire). Une autre était tendre. Son surnom : *Maman*. Les collégiennes n'étaient jamais fâchées d'être blâmées. En revanche, l'énervement des surveillantes les amusait. La bonne humeur, le rire étaient omniprésents. Malgré une discipline de fer, ce lieu demeurait un paradis pour beaucoup d'élèves. Le paradis n'était pas lié au décor luxueux, ni à la nourriture délicieuse, ni aux vêtements de la dernière mode. Mais c'était le lieu où tout le monde était heureux.

En quittant la cité des filles, toutes les collégiennes avaient la nostalgie du collège. Certaines n'étaient pas à l'aise dans le monde mixte du lycée. Maly a réalisé ensuite que ses sœurs avaient eu raison de rentrer tout de suite dans un établissement composé de filles et de garçons.

Au collège, Maly attrapa une maladie particulière : vouloir devenir écrivain. Aussi une amie a-t-elle communiqué cette nouvelle à sa tante, éditrice. Cette dernière répondit : il faut qu'elle montre son talent sans hésitation. Ravie, Maly avait mis en œuvre son projet d'écriture. Mais elle était récompensée par des pages blanches. Enfin, elle déclara : « Adieu la plume. Elle n'est pas faite pour moi. » Jadis, son père avait raconté le conte du juge lièvre, ridicule et maladroit, qui voulait toujours imiter autrui. Elle se demanda : Ne suis-je pas ce juge lièvre ridicule ?

Au collège, Maly était souvent parmi les jeunes filles désignées pour accueillir des chefs d'Etat, des notables étrangers. En grandissant, elle n'en était plus fière. Elle disait à ses sœurs :

- Au collège, j'étais ridicule d'être souvent figurante dans la haie d'honneur.

- C'est vrai, répondit Chak Riya, être pion n'est pas honorable.

- Chak Riya, Mony et moi, ajouta Rundy, n'étions pas au collège. Nous ne nous sentions pas ridicules.

Les espiègles existaient partout. Mais entre filles, on avait des idées originales. Tout le temps, les jeunes Chhuor se racontaient des histoires drôles se passant en classe. Les frères aînés aussi avaient leurs histoires à partager. Tout n'est qu'illusion. Ce n'était que l'ombre du passé. La vie obéit à la loi du changement. La roue tourne.

Thi, le jeune vietnamien n'était pas habitué au comportement des jeunes filles cambodgiennes. Ce n'était pas la peine de lui donner des explications à ce sujet. En essayant de défendre quelque chose, on risque d'aggraver la situation. Le silence vaut mieux que la parole. En outre pour le moment c'est la question de survie. Les autres choses deviennent simples sujets. A présent, ce jeune homme a en face de lui une Khmère qui est pour lui une ancienne *number one*. Mais tout a changé. Les êtres humains aussi. Malgré ce changement, il n'y a aucune raison de s'abaisser. La modestie a des limites. Elle n'a rien demandé à ce garçon. Mais c'est lui qui s'est proposé à lui rendre service. Il est inutile de faire des efforts, ni pour lui plaire, ni pour demander du secours. S'il change d'avis, tant pis. Elle a des jambes pour marcher. Mais elle retient une leçon. Thi était vexé. On ne peut donc pas plaire à tout le monde. Chaque jour, on apprend. La vie est un livre toujours ouvert.

Le lendemain, respectant sa promesse, Thi se rend à la pagode. Il emmène Maly chez le père V. Tous les deux traversent Saigon à moto. Personne ne parle. Chacun a son souci. Au bout d'un quart d'heure, ils arrivent à la paroisse. C'est un bâtiment composé de plusieurs logements destinés aux missionnaires. Thi et Maly cherchent le domicile du père V. Enfin, ils l'ont trouvé. Un occidental d'âge avancé, vêtu d'une soutane noire, se présente. Il n'est pas aussi grand que le père B. Au contraire de ce dernier, ce prêtre est gai. Ses cheveux sont blancs en raison de l'âge. Ses yeux de couleur d'océan rayonnent de joie. Il parle français avec un accent vietnamien en raison de son long séjour dans ce pays. N'étaient ses yeux

bleus et sa peau claire, Maly le prendrait pour un Vietnamien. Après avoir lu le mot du père B il dit :
- J'ai été au Cambodge pendant plusieurs années.
- C'est une chance de vous rencontrer. Vous qui avez connu le Cambodge.

Le religieux regarde la réfugiée, puis Thy. Il promène un regard de méfiance sur ce garçon et le dévisage de la tête au pied. Il semble dire : pourquoi est-elle avec lui sans avoir peur ? Pourtant, ce jeune homme se présente bien. Il n'a pas l'air effrayant. Gêné, voire vexé, Thy se retire. Maly est enfin seule avec le prêtre. Elle lui raconte la tragédie de sa famille en répétant le même récit. Il conseille :
- Allez vite chercher vos sœurs et votre frère. Emmenez les à Saigon. A la frontière, ils risquent d'être expulsés.
- Oui, mon père, j'irai les chercher sans tarder.
- A votre avis, quel âge ai-je ?
- Je ne sais pas, mon père.
- 80 ans.
- Mais vous ne les faites pas. Vous êtes bien solide.

Le prêtre est satisfait. Considérant la réfugiée comme une petite fille, il lui donne toute sorte de conseils :
- Il faut se méfier.
- Oui, mon père.
- Mais, il est malaisé de se méfier tout le temps.
- Vous avez raison.
- Entre nous, avez-vous de l'argent ?
- Un peu.
- Je vous offre de l'argent. Ne dépensez pas tout. Je ne vous donne pas beaucoup pour le moment. Mais je vous aiderai de temps en temps.

Le prêtre sort des billets, et les donne à Maly. Elle n'en croit pas ses yeux. C'est son premier contact avec des religieux catholiques. Mais elle est à l'aise comme si elle les connaissait depuis longtemps. Elle quitte le prêtre en lui promettant de revenir le voir avec ses sœurs et son frère.

Les êtres humains jouissent de personnalités différentes. Auparavant, sous deux aspects cachés, Maly était à la fois une personne mûre et une adolescente. Sous l'ancien gouvernement, sa lourde responsabilité pour le pays la vieillissait avant l'âge. Dans son lieu de travail, on la considérait comme quelqu'un de sérieux. Son second frère en fit la réflexion : « Maly, tu m'inquiètes. Un jour tu parles comme une personne de 70 ans. Un autre une fillette de 10 ans. Je ne comprends rien. » Les deux prêtres l'avaient traitée comme une enfant. La grande responsabilité s'éloigne. L'aspect mûr disparaît. Seul l'apparence juvénile demeure. La nature fait donc bien les choses.

Sa mission ne s'arrête pas là. Elle doit continuer sa course chez le pasteur N. Malgré le récent conseil du père V à propos de la méfiance, elle n'a peur de personne. Sans hésitation, elle arrête un jeune homme dans la rue pour lui demander des renseignements :
- Où se trouve cette adresse, s'il vous plaît ?
- Je vous accompagne à cet endroit.

Elle n'a demandé que la rue au jeune homme. Mais il lui propose un service. A chaque fois, elle tombe sur les personnes parlant français. En outre, ils ont l'air correct. Il vaut mieux aller avec le jeune homme à moto que de marcher. Se faire accompagner ainsi par des inconnus, en temps normal, au Cambodge, ses frères lui auraient fait mille reproches. Mais la situation a changé. Il faut savoir évoluer en fonction des circonstances.

Pourquoi avoir peur des hommes ? Dans l'ancien gouvernement, au ministère de la mobilisation générale, elle ne travaillait qu'avec ceux-ci. Ils étaient tous militaires. Les uns étaient militaires de carrière, les autres assimilés. Lors des réunions, des déplacements, elle était l'unique femme. Respectée, elle était entourée de gestes attentionnés. Son ministre, qui était en plus président du sous-comité des fonctionnaires lui donna le pouvoir de signer toutes les directives destinées aux autres ministères. Au début, elle était accablée d'inquiétude. Rédiger des instructions militaires pour les fonctionnaires civils du pays était un souci. Elle se disait : « Je n'écris pas correctement. Les gens se moqueront de moi. Personne ne suivra les consignes de sécurité. Et je serai humiliée. » Finalement, elle fut adoptée par les militaires et les civils. Personne n'a écrit, ni dit un mot pour protester. Au contraire, Eng, son frère aîné, lui a appris :

- A mon lieu de travail, mes collègues ont parlé de toi. Ils ont posé la question : « Qui est donc cette personne ? Comment est-elle ? »

- Quelle a été ta réponse ?

- Je leur ai expliqué : « Je la connais bien. »

Eng était fier de sa sœur. Mais ce n'était pas une raison de dire aux autres : c'est ma sœur. Quant à Kuong, le second frère aîné, il demanda à sa sœur : « Maly, comment as-tu fait pour assumer une telle responsabilité de l'Etat ? »

Mais, elle se montrait indifférente à la question de son frère, indifférente à tout. Et même à elle. Son ministre en fut étonné. Elle n'avait jamais été formée ni pour l'écriture, ni pour se charger de cette fonction si exigeante. Aussi lui posa-t-il la question : « Comment avez-vous fait pour écrire aussi bien ? » Elle ne répondit pas. Car elle n'en savait rien. Elle était insensible à toutes ces questions, à tous ces commentaires. Mais plus tard, elle admira sa chance d'avoir eu l'occasion de faire ses preuves. Pourtant c'est le destin qui l'avait poussée à accomplir ces tâches si difficiles. Ce n'était pas son choix. Dans certains cas, nous créons notre destin. Mais dans d'autre, c'est celui-ci qui nous prend par la main. Nous ne savons rien de ce qui nous attendra pour les prochains jours. C'est le mystère de la vie.

On dit que les femmes possèdent un don exceptionnel : la qualité intuitive. Se laissant guider par l'intuition, Maly préfère être accompagnée par quelqu'un de bien que de s'aventurer toute seule dans une ville inconnue. Le chemin de notre vie est semé de risques.

Au bout de dix minutes, Maly et le jeune homme arrivent à l'adresse indiquée. Après avoir accompli son devoir, ce jeune homme quitte la réfugiée. Cet endroit paraît bizarre pour un religieux. On dirait plutôt le ministère de la défense. Ce lieu fermé est placé sous la surveillance d'un poste de garde. Elle se demande pourquoi le père B l'a envoyée ici. Ne connaissant rien en matière de religion chrétienne, elle pense qu'un pasteur

vit peut-être dans un lieu protégé, entouré de militaires. N'ayant pas le choix, elle doit avancer et non reculer. Elle se dirige vers le poste de garde où se trouve un militaire. Ne comprenant rien, cet homme s'étonne de voir une jeune femme parlant une langue occidentale rentrer dans un lieu interdit. Dès lors il téléphone pour demander du secours. Un homme parlant français se montre. Il demande :
- Qui cherchez-vous ?
- Le pasteur N, répond Maly en lui montrant le papier.
- C'est une erreur. Le pasteur habite au numéro 2. Ici, c'est le numéro 1.

Maly a envie de rire de son ignorance d'avoir pensé que ce pasteur vivrait avec les militaires. Mais paralysée par la déchirure, elle ne parvient plus à rire. Cette tournée dans la capitale est une belle aventure. Ne connaissant pas la langue vietnamienne, elle peut utiliser le français pour résoudre ses problèmes. La plupart des Vietnamiens ne parlent pas cette langue. Mais il y a parfois des personnes qui la connaissent. Tandis qu'à la frontière, à part le docteur Phuc, personne ne parle français. Un jour, au marché de la frontière elle frôla l'incident. Rentrant à la maison elle raconta à sa famille :
- Tout à l'heure, j'ai marché sur le pied d'un homme. Puis, je lui ai dit : merci.
- Comment a- t-il répondu ? demanda Rundy.
- Il m'a regardée bizarrement, et j'ai répété : merci.
- On dirait une provocation, conclût Chak Riya.
- Mais, avec mon accent, il a bien compris que je ne l'avais pas fait exprès.
- Désormais, il faudra faire attention, conseilla Madame Chhuor
- Nous devons répéter les mots merci et pardon, ajouta Sethy.

Maly, Rundy, Chak Riya et Sethy se sont mis à redire à plusieurs reprises le mot merci et pardon pour éviter de commettre des erreurs.

Enfin, Maly trouve la maison du pasteur. C'est une grande villa bien protégée par une clôture. Elle sonne. Une Européenne d'âge moyen ouvre la porte. Avec froideur, son regard exprime le mécontentement. Pourtant elle n'a pas l'air antipathique. En plus, elle est élégante et jolie.

- Pourquoi venez-vous à cette heure ? interroge la dame d'un ton sec.

En effet, c'est l'heure du déjeuner. Depuis la tragédie, Maly a perdu la notion de temps. Elle se dit : « Voilà une journée qui a mal démarré. Après avoir franchi une zone interdite, maintenant je rentre dans un endroit hostile. Ce n'est pas la peine de venir ici pour être mal accueillie. Mon odyssée doit donc s'arrêter. Mais il importe de rester calme et polie. »

Elle répond :
- Excusez-moi, Madame, je suis Cambodgienne. Ma montre est en panne. Je ne sais pas quelle heure il est.
- Vous êtes Cambodgienne ? s'exclame la dame avec un ton aimable.
- Oui, Madame.

La dame sourit. Son hostilité disparaît. Maly note dans sa mémoire que les occidentaux changent très vite leur comportement. Il est intéressant de le savoir. Car, un jour, sa famille partira pour le monde occidental. La dame annonce :
- Jean, une Cambodgienne !
- Emmène-la au salon, répond l'homme.

Le mot *Cambodgienne* ouvre la porte à l'amitié. Ce n'est pas le moment de s'interroger pourquoi. Le pasteur N et son épouse accueillent l'apatride à bras ouvert. Maly raconte l'histoire tragique de sa famille pour la troisième fois. Pouvoir décrire ses épreuves à vive voix est un soulagement. Lors d'un drame, le gouvernement des pays développés crée une cellule de crise. Les victimes sont prises en charge par des psychiatres. Les Cambodgiens, eux, ils n'ont qu'à se débrouiller comme ils peuvent. Monsieur et Madame N écoutent le récit avec émotion. Enfin, l'épouse du pasteur ajoute :

« Nous avons été au Cambodge. Nous avons beaucoup apprécié la spécialité cambodgienne : poisson au lait de coco, cuit à la vapeur, enveloppé dans les feuilles de bananier. »

Maly a enfin compris la réaction de la dame. Beaucoup d'occidentaux n'avaient pas envie de quitter le Cambodge. Un beau pays dont la majorité du peuple est pacifique. Bien des Cambodgiens sont imprégnés de la théorie bouddhiste basée sur la tolérance et la non violence.

A la fin de la conversation, le pasteur sort des billets. Il les offre à l'apatride. Celle-ci quitte Monsieur et Madame N. Impatiente de voir sa mère à la pagode pour lui raconter son odyssée, elle presse le pas. Recevoir ainsi des dons financiers est un acte d'humilité. Auparavant, la tête haute, elle n'aurait jamais imaginé qu'un jour elle recevrait une telle aide. Elle avait fait des gestes sans penser qu'il y aurait un renversement de situation. Selon la roue de la vie, un jour on est en haut, un autre en bas. A présent, elle se trouve au plus bas, au fond de l'océan. Une vie de vagabonde, de famille dispersée, d'apatride n'a rien de comparable. Il est donc inutile d'évoquer les réalités d'antan et de s'y meurtrir. Dans certains cas, laissons le passé s'évanouir dans le temps. Il importe de ne penser qu'au présent sans trop penser à l'avenir. Il faut vivre au jour le jour en se laissant aller au gré du destin. Toutefois il faut se battre et non se soumettre entièrement au caprice de ce destin. Les poches de son pantalon sont remplies d'argent. Elle est comblée de satisfaction. Il faut donc marcher, marcher et marcher. En restant inerte sans faire des efforts on ne peut rien obtenir : *aide-toi, le ciel t'aidera*. Un jour on donne, un autre on reçoit. C'est la loi de réciprocité. La famille Chhuor avait connu cette loi au cours de la déportation.

Vers 14 heures, elle arrive à la pagode. A voix basse, elle raconte son aventure à sa mère et lui donne l'argent. Au Cambodge, on ne dévoile pas trop ses sentiments. On reste calme sans s'extérioriser. Faire trop de compliments aux enfants devenait ridicule.

La mère affirme :

- Ces religieux chrétiens sont d'une grande bonté.

- Oui, partout nous trouvons de braves gens.

Maly ajoute :

- Le père V m'a dit d'emmener immédiatement toute la famille à Saigon pour éviter d'être renvoyés au Cambodge.

Madame Chhuor réfléchit. Puis elle décide :

- Je vais toute seule à Tain Chau. Toi, tu restes ici pour continuer des démarches.
- Je vais écrire une lettre au docteur Phuc pour lui donner des nouvelles.

C'est la première fois que Maly rédige une lettre en français. Cela ne pose aucun problème. Il suffit de se faire comprendre. On n'est pas là pour écrire un roman. Au collège Norodom, certaines élèves correspondaient avec les jeunes français en France. C'était prestigieux d'échanger des idées avec ces jeunes de l'autre bout du monde, surtout d'un pays occidental d'une vieille et belle nation, maître de culture. Mais le prestige, Maly en était indifférente. Imiter autrui, jamais. C'est ridicule. Cependant c'était elle qui rédigeait les lettres à la place de ses amies. Elle inventait des choses en fonction de chaque personne. C'était bien amusant de jouer plusieurs rôles. Aussi avait-elle quand même un peu d'expérience au point de vue épistolaire en langue française.

*

Très tôt le matin, Madame Chhuor part pour la frontière. Maly continue sa mission. Elle va voir le père B afin de lui donner des nouvelles. Le prêtre lui présente une jeune vietnamienne âgée de trente ans. Son nom de famille : Lé. Son prénom français : Christiane. Les deux jeunes femmes quittent le prêtre et se dirigent vers un banc pour discuter.

Tout de suite, Christiane pose une question indiscrète.
- Etais-tu très riche au Cambodge ?
- Non, répond Maly.

Pourquoi cette question ? La Cambodgienne n'a rien sur elle qui représente des signes extérieurs de richesse. Elle n'est ni maquillée, ni garnie de bijou. Ses vêtements sont sobres. Encore un souci. C'est dangereux de se promener avec l'image de nantie. En l'espace de trois jours, l'un a dit qu'elle était notable, l'autre riche. Il y a de quoi se tracasser. Mais comment faire ?

Christiane continue :

- Mon mari est dans le camp de concentration pour la rééducation. Il était capitaine dans l'ancien régime. Dans ce camp, les prisonniers subissent un travail forcé. Dans ses courriers, il me faisait signe de partir.
- Nous sommes dans le même cas : partir.
- Tout le monde veut partir. Sinon, aller dans la zone de l'économie nouvelle.
- Que compte-tu faire ?
- Partir d'ici. Certains ont pris la fuite par le bateau en risquant leur vie. Je te demande donc de m'aider.
- Que puis-je faire pour toi ?
-Je te demande de m'emmener à la pagode. Beaucoup de Vietnamiens ont l'intention de s'infiltrer à cet endroit et de partir sous le nom de Cambodgien.
- Mais, tu ne parles pas notre langue.
- Tu me l'apprendras.
- Ce n'est pas facile. Il n'y a pas de point commun entre nos deux langues.
- Mais cela ne fait rien. Le père B m'a dit que toutes les deux, nous avons l'air d'appartenir à la même race. Il ne voit pas la différence entre toi et moi.

Maly refusait rarement de rendre service aux autres. De surcroît, cette jeune femme est présentée par le père B.

Elle répond :
- D'accord, je t'emmènerai à la pagode, je t'apprendrai le cambodgien.
- La vie est étrange. Toi, tu te faisais passer pour une Vietnamienne pour quitter ton pays. Et moi, pour une Cambodgienne afin de fuir le Vietnam. Je t'emmènerai voir ma mère, mes sœurs et mon frère. Ma famille est occidentalisée.

Christiane invite Maly à déjeuner chez sa mère. Autour de la table il y a la mère, ses filles et son fils. Le silence règne dans la maison. Personne ne parle. L'ambiance est lugubre. Les plats sont assez variés. Mais ce n'est pas le moment d'apprécier la nourriture. A son tour, Maly emmène Christiane à la pagode. Dans la peur d'être remarquée par l'autorité du quartier, la jeune Vietnamienne se cache sous un chapeau à bord large et de grosses lunettes noires. Christiane est surprise :

- Ces gens parlent vietnamien !
- Evidemment, ici, il y a des Cambodgiens d'origine vietnamienne ou chinoise. Mais aussi des Cambodgiens. En général, certains ont pu quitter le Cambodge parce qu'ils parlent vietnamien. Les Khmers rouges organisaient le test de langue à la frontière. Ma famille ne connaît pas le vietnamien. Et nous avons décidé de ne pas passer le test. C'est ainsi qu'ils ont tiré sur nous. Mais ils ont raté.

*

Le 30 janvier 1976, Madame Chhuor est de retour à Saigon avec Sethy et la petite Sokunthea. Maly demande à sa mère :
- Rundy et Chak Riya ne sont-elles pas venues ?
- Il faut partir en petit groupe pour éviter des soupçons. En outre, elles s'occupent de la vente de notre maison.
- J'irai les chercher.
- Pars sans tarder.
- Je partirai demain.

Le 31 janvier, Maly se lève à cinq heures. Elle part pour Tain Chau. Dans le car, toute seule, elle est impatiente de rejoindre ses deux sœurs. La peur de la séparation familiale est grande. Mais la fatigue domine la peur. Elle s'endort dans la voiture. Dormir est la meilleure solution pour ne pas penser et trouver le temps long. La tragédie a resserré fort le lien familial. Il ne reste que la moitié de cette famille. Il faut donc se souder.

*

Vers 16 heures, Maly arrive à Tain Chau. Les trois sœurs se retrouvent après cinq jours de séparation. C'est une immense joie d'être ensemble. Maly annonce :
- Il faut partir rapidement pour éviter d'être expulsées.
- Heureusement, tu arrives à temps, dit Rundy. Ici, les gens sont affolés. Bientôt, il y aura un recensement de la population. Les déplacements seront alors interdits.

- Rundy et moi, continue Chak Riya, nous nous efforçons de vendre notre maison. Un homme a voulu l'acheter. Mais la vente est impossible à cause du papier qui n'est pas en règle.

- Un autre nous a effrayées, ajoute Rundy. Il m'a dit : « Pourquoi vendez-vous votre maison ? On n'a pas le droit de circuler. Vous risquerez d'être arrêtées. »

- Si nous n'arrivons pas à vendre notre maison, intervient Maly, nous partirons quand même.

- Maly, interompt Rundy, à propos du docteur Phuc, je lui ai apporté ta lettre. Il l'a lue. Ses mains se sont mises à trembler.

- Que lui as-tu écrit pour le mettre dans un tel d'état ? demande Chak Riya.

- Je lui ai raconté simplement notre odyssée :

Cher Docteur,
Vous avez eu la bonté de me donner les adresses. Ma famille et moi-même, nous vous remercions infiniment.

Accompagnées par un monsieur, ma mère et moi-même avons suivi votre itinéraire. Mais votre amie n'habite plus à l'endroit que vous avez indiqué. A Caritas, les religieuses n'ont plus le droit de nous héberger. Elles nous ont conduites à la Croix Rouge. Puis, une dame nous a révélé l'existence d'une pagode cambodgienne. Nous y sommes allées. A cet endroit, nous avons rencontré nos compatriotes. Nous décidons enfin d'y vivre. A Saigon, nous pouvons déclarer être Cambodgiens sous notre vrai nom.

Je suis allée chercher le père Jacques de Leffe. Mais actuellement il est supérieur à Rome. C'est le père B qui m'en a informé. Ce prêtre va écrire au père Jacques de Leffe au sujet de ma famille. Nous espérons pouvoir partir pour la France. Tant qu'il y a de la vie il y a de l'espoir.

Avec mes amitiés.
Maly (mon vrai prénom)

Maly ajoute :

- Il ne s'agit que d'une simple lettre. Je ne comprends pas pourquoi ses mains se sont mises à trembler. Demain j'irai le voir pour lui dire adieu. A présent, nous pourrons nous permettre d'acheter quelques bons plats. Mais il faut faire attention. Juste pour ce soir. Voilà l'argent offert par les religieux.

- Nous sommes aidés par de grands hommes comme avait prédit la voyante, ajoute Chak Riya.

- Et nous quitterons Tain Chau au moment du Têt comme la prédiction, continue Rundy.

- Une incroyable histoire, murmure Maly. Nous irons certainement en France.

Après le repas, les trois sœurs sortent de la maison pour une dernière promenade à Tain Chau. Elles achètent chacune un gâteau bien chaud à base de la pâte de riz et de noix de coco. Rentrant à la maison, elles dégustent le dessert. En temps normal ce gâteau est sans goût exquis.

*

Le 1er février, dès le lever du soleil, Maly se dirige vers l'hôpital. Le docteur Phuc s'exclame pour la première et la dernière fois : « Maly ! ». Elle quitte à jamais son faux prénom Kim Ly, ainsi que cet ami de passage. Le docteur Phuc, lui aussi va quitter Tain Chau pour une autre province. A chacun sa route, selon son destin. Les chemins se croisent, puis se séparent. Ce médecin deviendra un souvenir parmi d'autres.

*

Le paysage de Tain Chau demeure le même. Le cri rauque des corbeaux cause de la tristesse. Le soleil continue à éclairer la terre avec ardeur. Malgré sa générosité, il ne fait pas chaud en février. Chez les Chhuor il y a un changement. La nouvelle route du destin est tracée devant eux. La route d'ouverture sur l'inconnu. Acteurs au théâtre de la vie, ils ignorent leur prochain rôle. Les trois sœurs se réunissent pour prendre une ultime décision.

- Il nous est impossible de vendre notre maison, dit Chak Riya.

- Tant pis, répond Rundy, il faut partir quand même.

- Nous partirons demain, décide Maly.
- Nous n'avons pas grande chose à emmener, le voyage sera facile, ajoute Rundy.
- Tant mieux, nous n'avons que deux mains pour porter les bagages, dit Chak Riya.

Les trois sœurs préparent le peu de bagages. Dans le malheur, on s'efforce de trouver un moyen pour se consoler, de transformer l'inconvénient en avantage. On se contente de tout et de rien. Au moment où les trois sœurs se plongent dans une philosophie de la vie, la femme du chef de dix maisons se présente. C'est une femme d'âge moyen, discrète et affable. Elle est une immigrée du Cambodge.

- Nous voudrions acheter votre maison pour notre mère. Mais, nous n'avons pas la somme d'argent nécessaire pour payer, annonce la femme avec délicatesse. Elle a peur d'être jugée profiteuse de la situation.
- Cela ne pose pas de problème, ajoute Rundy.
- Donnez-nous ce que vous avez, décide Maly.
- Je vous remercie, répond la dame, demain il faut que vous partiez très tôt avant le lever du soleil.
- Merci de votre conseil.

Le mari de cette personne rédige un papier pour la signature. L'affaire est enfin réglée en peu de temps.

*

Le 2 février, Tain Chau est plongée dans l'obscurité. Le village est encore endormi. Vers quatre heures du matin, les trois sœurs quittent leur maison. Adieu ce petit gîte de passage. Nous avons toujours la nostalgie du lieu où nous avons passé notre existence. Les Chhuor obéissent à la loi du destin : une vie sans projet ni à moyen, ni à long terme. Quel étrange sort !

- Il ne faut pas prendre la grande route, dit Rundy.
- Prenons donc la passerelle sur la rivière, suggère Chak Riya.

Ce n'est pas facile de se déplacer sur cette passerelle en bambou avec des bagages. Mais pour éviter d'attirer l'attention des gens, il n'y a pas d'autre solution. Les trois sœurs y vont au risque de tomber dans l'eau. Enfin, elles sont arrivées à la station de cars. Encore une surprise. Il ne reste que trois places dans l'autocar. Une place assise, et deux debout. On dirait que tout était programmé. Rundy et Chak Riya laissent la place assise à Maly. D'abord, elle est fatiguée par le voyage. Ensuite, on donne la priorité à l'aînée. L'auto emmène les voyageurs à la capitale. Le bruit du moteur est désagréable. La route n'est pas bonne. Le chemin est long. Les gens s'endorment. Malgré le sommeil, Rundy et Chak Riya ne peuvent pas dormir debout.

Ce jour est la fête du Têt, nouvel an chinois et vietnamien. Les trois sœurs se plongent dans le passé. L'année dernière, la famille était unie pour cette fête. Cette année, celle-ci se trouve dispersée. Aucun mot n'est assez fort pour décrire le désarroi, la souffrance de cette famille.

*

Issus du mélange de deux races, khmère et chinoise, les Chhuor sont biculturels et obéissent à deux traditions. Leur cœur est khmer. Mais ils n'ont pas oublié leur gène chinois. La terre chinoise ancestrale est une terre inconnue pour eux. Mais n'importe qui sait que Chhuor est un nom chinois. Monsieur Chhuor tenait beaucoup à son origine chinoise. Il parlait au moins trois dialectes chinois. Chaque année, les Chhuor célébraient deux fois le nouvel an : khmer et chinois. La veille du nouvel an chinois était la fête du culte des ancêtres et des membres de familles défunts. On préparait les mets diversifiés afin d'inviter les morts à venir les déguster. Sur la table, devant l'autel des ancêtres, on dressait des bols de riz avec des baguettes et des cuillères en porcelaine à manche court. Puis des plats salés et sucrés, des sautés variés : abalones, crevettes, viande de porc, viande de bœuf, légumes et nouilles, du canard laqué, du porc laqué, de la soupe composée de diverses viandes et de légumes, des desserts et des fruits La cérémonie devait commencer avant midi. Elle était présidée par Monsieur Chhuor, le chef de famille. Il invoquait les ancêtres, les défunts au moyen des baguettes d'encens. Et puis, il les déposait dans chaque pot portant le nom des ancêtres. Ensuite, il versait le thé dans les petites tasses, le vin dans les petits verres. Il s'inclinait devant l'autel en se mettant à genoux. Les mains appuyées au sol, il baissait la tête trois fois. Ensuite Madame Chhuor et ses enfants passaient les uns à la suite des autres pour inviter les ancêtres, les membres de la famille défunts, à déguster les plats. Il fallait verser trois fois thé et vin. Au bout de deux heures, la cérémonie s'achevait. On brûlait les papiers symbolisant des vêtements et l'argent afin de les transmettre aux défunts. Enfin, toute la famille se réunissait autour des plats.

Jadis, quand, Madame Chhuor, la grand-mère, était en vie, la fête était très animée. Quelques jours avant le nouvel an, certaines femmes du village venaient aider à fabriquer une grande quantité de gâteaux traditionnels. Ces gâteaux étaient offerts aux habitants de Prêk Phnau qui n'étaient ni Chinois ni Khméro-Chinois : les Khmers de race pure. Ces derniers offraient le même cadeau à la grand-mère lors de la fête du nouvel an khmer.

Le nouvel an dure trois jours. Tout le monde devait porter des vêtements neufs qui n'avaient jamais été portés. La cérémonie de la présentation des vœux se déroulait au premier jour. Dès le matin, dans la salle de séjour, la grand-mère était assise dans un fauteuil en bois, orné de sculptures. Quant à Monsieur Chhuor, le fils aîné, présidait devant les membres de la famille ainsi que les employés pour accomplir le rite. A genoux, il se prosternait, baissait trois fois la tête devant son auguste mère. Puis il citait la formule de vœux en chinois. Sa mère lui répondait en chinois également, pour échanger les souhaits. On parlait chinois uniquement pour échanger les vœux de nouvel an. Puis, le frère cadet de Monsieur Chhuor, les autres membres de la famille ainsi que les employés se succédaient pour présenter leurs vœux à la grande-mère. Les femmes faisaient des salutations à la cambodgienne en joignant les deux mains. Les employés ne se mettaient pas à genoux comme Monsieur Chhuor qui traduisait un profond respect à l'égard de sa mère. Ensuite, la grand-mère distribuait des enveloppes rouges contenant de l'argent aux petits enfants et aux employés. On dégustait des friandises.

A chaque nouvel an, Monsieur Chhuor emmenait ses jeunes enfants chez sa tante, ses cousins et les personnes âgées. Ces petits devaient citer la formule de vœux en chinois pour rendre hommage aux personnes plus âgées qu'eux. Ces dernières répondaient en chinois également.

La hiérarchie familiale était très respectée au Cambodge, voire en Asie. Cette loi s'imposait davantage dans les familles khméro-chinoises comme celle des Chhuor, en raison du groupement de deux coutumes anciennes. A sa disparition, la grand-mère était représentée par sa sœur. Monsieur Chhuor manifestait donc un profond respect à l'égard de sa tante maternelle. En retour, son frère cadet, ses cousins et sa cousine, les enfants de sa tante, lui témoignaient le même respect.

Le père de Monsieur Chhuor est décédé très jeune. Dès lors, en tant que fils aîné, Monsieur Chhuor devait assumer précocement - à l'âge de 13 ans - les tâches d'un responsable. De ce fait, les Chinois de Phnom- Penh, qui étaient en relation commerciale avec sa mère, l'appelaient *jeune monsieur*. Un Cambodgien d'origine chinoise demeurant à Phnom Penh, plus jeune que Monsieur Chhuor de quelques années, venait de temps en temps le saluer en lui apportant un présent. Simplement, parce que celui-ci s'appelait aussi Chhuor. Dans la pensée chinoise, quand on porte le même nom, on pouvait avoir des ascendants communs. Dès lors, le mariage entre les personnes portant le même nom était déconseillé dans certains régions au Cambodge.

Selon la tradition khmère, dans chaque famille, au moins un fils devait se faire bonze à la pagode, même pour une courte durée de quelques mois. Cet acte avait pour objectif d'acquérir l'enseignement de Bouddha (*Dharma*), mais aussi pour transmettre des mérites aux parents. Monsieur Chhuor a été bonze pendant trois mois dans sa jeunesse. De ce fait, son frère, ses cousins, sa cousine, l'appelaient *Lok Bang* (monsieur le grand frère). Souvent, Monsieur Chhuor sortait la philosophie de Bouddha pour éduquer ses enfants. Ces derniers n'avaient pas la sagesse de leur père.

Jadis, à la campagne, rentrer à la pagode pour mener une vie de bonze était même obligatoire. En quittant la vie monastique, l'homme obtenait le titre de lettré (*bandith*). Ce titre ouvrait le chemin. Certaines personnes accordaient la main de leur fille, de préférence à un *bandith*. En ville cette règle ne s'appliquait pas.

*

Vers 16 heures, les trois sœurs arrivent à Saigon. Au bout d'une demi-heure, elles se trouvent à la pagode. Les Chhuor vivent avec la famille de Téng dans la grande salle. Dans cet endroit demeurent également deux jeunes gens : Mao et Khan. On vit dans le respect mutuel. On se sépare par des rideaux. A l'entrée il y a un espace commun. Les autres réfugiés sont dans le même cas. Ils cohabitent dans les grandes pièces. On fait cuire la nourriture dans la cour. Ce n'est pas commode d'offrir un spectacle de repas à autrui. Mais cela n'a aucune importance. On ne s'intéresse pas à ce que les autres mangent. La salle de douche est grande. C'est une salle collective. Les femmes sont vêtues de *sarong* pour se doucher. Quant aux hommes, ils portent le caleçon.

Ce n'est guère facile pour les jeunes filles Chhuor de vivre avec d'autres personnes, en particulier les hommes. Mais ce n'est pas non plus le moment de faire les difficiles. Pouvoir se loger gratuitement sous la protection de Bouddha, dans la communauté cambodgienne, est déjà bien. Il ne faut pas demander l'impossible. Téng est gentil. Les deux autres garçons sont discrets. Ils se cachent dans leur coin sans faire de bruit. Certains animaux sont dotés de propriété de mimétisme pour se protéger des prédateurs. Leur corps se confondent avec le milieu environnant. Quant aux hommes, ils sont dotés de la faculté d'adaptation pour pouvoir survivre.

*

Après une semaine de séparation, les Chhuor sont de nouveau réunis. Une nouvelle existence démarre dans la grande ville. Pour le moment elle paraît tranquille. Comme les autres réfugiés, vivre au jour le jour est leur devise. A chaque jour survient un événement inattendu. Il est donc inutile de se tracasser trop.

Ils sont surpris et s'exclament :
- La famille de Madame Mac se trouve ici !
- Les Khmers rouges ont fait courir le bruit que cette famille a été massacrée.
- C'est pour apeurer les déportés. Et aussi sauver la face.

Lors de la vie sous la domination des Khmers rouges, cette famille et les Chhuor se trouvaient dans le même endroit : zone numéro 22, une des zones dites libérées. Au bout de quelques mois, la famille de Madame Mac a disparu de la zone 22. En fait, les membres de cette famille ont réussi à s'évader. Mais les autres ont pensé qu'ils avaient été massacrés.

Chapitre 4

Rêve prémonitoire

Après le repas du soir, Madame Chhuor et ses enfants se dirigent vers l'arbre Bodhi. Cet arbre est entouré d'un ciment en forme cylindrique. A l'intérieur du cylindre on met de la terre. D'après les réfugiés, le lieu où se trouve l'arbre est chargé de puissance mystérieuse. On y voyait parfois apparaître des génies. Tous les soirs, les femmes y mettaient des baguettes d'encens pour demander la protection du Bouddha, des génies. Madame Chhuor et ses enfants déposent de l'encens. Ensuite, ils montent sur la véranda du temple, se réunissent sur une natte. Malgré la nuit, la pagode est bruyante. Mais le temple est en hauteur. On se trouve un peu éloigné des autres. Certains réfugiés préfèrent également cet endroit. Il faut donc parler à voix basse pour que les autres ne participent pas à notre histoire. Regardant le ciel Madame Chhuor soupire. Puis, elle dit :

- La vie est un mystère. Depuis plusieurs années, j'avais gardé un secret sans oser le révéler. Un jour, j'allais voir une voyante renommée. Celle-ci m'avait dit : « *Tous vos enfants resteront avec vous jusqu'à la fin de votre vie* ». Mais la nuit, je fis un rêve étrange. Je vis un homme âgé, vêtu de blanc, un sage. Il dit : « *Chère petite dame, plus tard, vous n'aurez que cinq enfants qui vous accompagneront.* » J'étais très inquiète. Mais je me consolais en me disant que ce n'était qu'un rêve. Maintenant ce rêve devient réalité.

- Pourquoi ce rêve ? demande Rundy.

- Pour nous préparer psychologiquement certainement à accepter le destin, explique Madame Chhuor.

-Quel étrange destin ! s'exclame Chak Riya.

Nuit angoissante. La révélation provoque un choc. Comme annonçait le rêve, il ne reste que cinq enfants avec Madame

Chhuor. D'après ce songe, il n'y aura pas d'espoir de retrouver les autres membres de la famille. Mais pourquoi cette séparation ?

Bouddha disait : « Rien n'est permanent ». Jadis, Madame Chhuor racontait inlassablement les saints récits. Parmi ces récits, il y a l'histoire d'une femme prénommée Badhacha. Elle perdit son enfant. Puis son mari fut naufragé. Au profond du désespoir, elle ne voulut plus vivre. Mais Bouddha arriva à temps. Il donna du réconfort à la pauvre femme. Elle trouva enfin la force pour lutter. La vie est une succession d'épreuves et de combats. Auparavant, l'histoire de Badhacha n'était qu'un récit. A présent, Madame Chhuor a perdu deux enfants. Elle est séparée de son mari et de ses trois fils.

Cinq enfants ! Cinq enfants ! Ce nombre résonne dans la mémoire des jeunes Chhuor.

Sim, la fille aînée ainsi que ses cinq enfants : quatre filles, Sokun, Nakry, Thida, Nary et son fils Votha ont quitté Tain Chau pour aller vivre à Long Xieng.

Comment Madame Chhuor pouvait-elle garder le secret du songe pendant plusieurs années ? Femme courageuse, elle préférait porter toute seule la souffrance. Pourtant, bonne narratrice, elle répétait à plusieurs reprises les histoires de sa vie, de ses combats. Les enfants s'inclinent devant cette mère exceptionnelle. Il importe de tenir bon, de suivre l'exemple de leur mère. Ne pouvant pas détourner la destinée, nous n'avons qu'à l'accepter, sans toutefois baisser les bras.

Chapitre 5

Réseau d'amitiés

3 février 1976, la terre continue de tourner. Trop vite pour les uns. Pas assez vite pour les autres. La terre ne peut donc pas satisfaire la volonté de tous les hommes. Certains supplient le temps de suspendre son vol. Mais leur prière ne peut pas être exaucée. Quant au soleil, il émet ses rayons sur Saigon sans se préoccuper des caprices des hommes. Tous les réfugiés se lèvent. La pagode devient bruyante, animée par des mouvements des gens n'ayant pas de point de repère. Malgré la précarité, les réfugiés s'accrochent à leur vie. Ils se battent. Certains discutent. D'autres travaillent. Etant nouveaux venus, les Chhuor ne peuvent pas connaître toutes les activités des réfugiés. Les enfants jouent, crient, sautent. On dit qu'ils sont l'avenir du pays. A présent, on ne sait pas quel sera leur avenir. Les adultes se trouvent dans le même cas.

Les Chhuor ne se posent pas non plus de question sur leur avenir. Puisqu'il n'y a pas de réponse, à quoi bon d'insister. Il importe de se contenter des nouveaux événements inattendus qui sont déjà arrivés. Devant la pagode il y a des petits marchands de nourriture. Mais les Chhuor ne se permettent pas de faire une dépense sans réfléchir.

Laissant leur mère, Sethy et Sokunthea à la pagode, Maly, Rundy, Chak Riya vont voir des religieux chrétiens. Madame Chhuor laisse les trois filles se débrouiller. Ces dernières sont assez grandes et mûres pour pouvoir résoudre le problème de la famille. Les trois sillonnent la capitale. Ce n'est pas le moment de jouer le rôle de touristes. Mais c'est une question de survie. Cela ne les empêche pas de jeter un coup d'œil à gauche et a droite.

- En fait, affirme Maly, le docteur Phuc avait dit qu'il est dangereux pour des jeunes filles de se déplacer à Saigon. Maintenant nous n'avons aucune crainte.

- Heureusement, ajoute Rundy, nous n'avons pas écouté son conseil. A présent, nous avons l'espoir de partir pour la France.

- En définitive, confirme Chak Riya, il faut écouter notre voix intérieure. C'est nous qui traçons notre destin et non les autres.

- Par contre, conseille Maly, il faut faire attention, les voleurs peuvent être à côté de nous. Les réfugiés de la pagode m'ont dit qu'il faut mettre l'argent dans les poches et non dans le sac.

Les trois sœurs arrivent au centre Alexandre de Rhodes. Maly présente ses deux sœurs au père B. Il dit,: « J'ai déjà écrit au père Jacques de Leffe à Rome pour vous. J'espère qu'il pourra vous aider. Mais je ne promets rien. »

Les trois sœurs quittent le père B. Une demi-heure après elles arrivent à la paroisse du père V. Content de voir la famille Chhuor arriver à Saigon selon son conseil, le prêtre sourit tout le temps. Avec lui, les trois sœurs oublient un instant leur existence. Sa joie est communicative. Une demi-heure après, elles quittent celui-ci.

Enfin, les trois sœurs arrivent à leur dernière destination : chez le pasteur. Madame N est affable et humaine. Ses gestes sont gracieux. Sa voix résonne comme de la musique. Quant à Monsieur N, il parle peu. Mais son visage rayonne la bonté. Les trois sœurs ne peuvent pas rester longtemps, car il y a d'autres Cambodgiens qui attendent leur tour. Elles se retirent au bout d'un quart d'heure.

*

Le soleil diminue son intensité. Leur mission étant terminée, les trois sœurs se hâtent de rejoindre leur mère, leur frère, ainsi que la petite Sokunthea. Madame Chhuor a déjà fait cuire les mets. La pagode est toujours animée, surtout à l'heure du repas du soir. Les membres de chaque famille se groupent autour des plats. Les uns mangent dans la cour, les autres dans la salle. Les plats sont exposés aux yeux de tout le monde. La vie en communauté est loin de la discrétion. Ce n'est guère commode. Mais on n'est pas là pour critiquer. On se trouve au même niveau : une vie sans point de repère. Cependant, on s'habitue. Les Chhuor déjeunent dans la salle pour éviter d'être trop exposés. La famille de Tang préfère la cour avec les autres familles. Cette cour est grande, on se sent plus à l'aise.

Après le repas, Madame Chhuor et ses cinq enfants se dirigent vers l'arbre Bodhi. Ils déposent de l'encens au pied de l'arbre afin de solliciter la protection de Bouddha et des puissants génies. Le vent souffle, apporte de la fraîcheur. Les feuilles s'agitent en produisant un son mélodieux. Cette ambiance augmente la nostalgie. Il fait nuit. Dans le pays tropical, le soleil se lève et se couche presque à la même heure. Il fait jour à six heures et nuit à dix neuf heures. Il n'y ni jour plus long ou plus court. Dans les cours de français, les jeunes Chhuor avaient appris qu'en France le jour est plus long en été et court en hiver. Il était difficile de comprendre des choses que l'on n'a pas vécues. De leur vie, ils n'ont jamais vu la neige. Ils partiront pour la France. Ils découvriront le secret de la nature, une autre civilisation, une autre culture. En fait, nous n'avons pas tracé le chemin de notre vie. Mais c'est le maître du destin qui fait de nous des acteurs dont le rôle est distribué à chaque jour.

La capitale est couverte d'un voile noir. Mais la vie n'est pas au ralenti. Surtout à la pagode. Le grand nombre amplifie le bruit. Les Chhuor se réunissent sur la véranda du temple. Maly, Rundy et Chak Riya font le compte rendu de la tournée de la journée à leur mère et leur frère.

Croix Rouge internationale

4 février 1976, une nouvelle journée commence. C'est le troisième jour de l'arrivée des trois sœurs à Saigon. La vie à la pagode ne pose plus de problème pour les Chhuor. Quand on n'a pas d'autre choix, la meilleure solution c'est de s'adapter. Sethy n'est pas solitaire. Il établit un contact avec des jeunes.

Quant à Madame Chhuor, depuis le début de la tragédie, on n'avait entendu aucune plainte de sa part. Son courage, son sang froid demeurent un modèle pour les enfants. Jadis, s'occupant des affaires, elle était une travailleuse. De ce fait, elle se couchait tardivement. Son seul repos c'était la lecture. Tous les enfants héritèrent de leurs parents le goût de la lecture. Les yeux de Madame Chhuor veillaient sur les enfants continuellement. Elle leur imposait une éducation basée sur la dignité, la droiture, le respect de soi et d'autrui. Mais aussi le sens de la fraternité. La discussion est ouverte. Maly annonce :

- Tang m'a dit qu'il y a la Croix Rouge Internationale à Saigon. Beaucoup de réfugiés y vont pour rechercher leurs familles se trouvant à l'étranger.

- Mais, nous n'avons pas de parent proche à l'étranger, dit Chak Riya.

- Cela ne fait rien, répond Rundy, nous y irons quand même.

Il faut marcher, bouger, même si l'on n'a pas de projet précis. C'est la règle de conduite des Chhuor. La décision étant prise, Maly, Rundy et Chak Riya quittent la pagode. Elles sillonnent la capitale, et ne ressentent pas la peur d'être attaquées. Avant l'arrivée de ses sœurs, Maly se déplaçait seule à Saigon. Elle n'avait pas eu peur. A présent, être à trois, c'est plus rassurant. La vie d'apatride est une expérience bizarre. On n'a plus la notion d'appartenance, de fixation. La planète entière semble vous appartenir. Vous devenez enfin citoyen du monde. Flottant dans l'univers, les Chhuor se laissent conduire par le courant du destin tout en se battant avec énergie.

A trois, le chemin paraît court. Maly, Rundy et Chak Riya semblent infatigables. D'abord la jeunesse joue un rôle important. Ensuite, les épreuves provoquent deux réactions inverses. Ou nous sommes exténués, brisés. Ou l'énergie est née pour faire face aux obstacles. Cette énergie est aussi le fruit de la solidarité. C'est par les difficultés que nous pouvons mesurer notre capacité. Dans les conditions normales de la vie, on ignore l'existence de ces forces positives ou corrosives. On ne peut s'efforcer de se lever que lorsque l'on tombe.

Les trois sœurs arrivent au siège de la Croix Rouge Internationale. Ce lieu est une villa en béton entourée de clôture. Il y a une grande cour. Le bureau d'accueil est sous la responsabilité d'une jeune femme vietnamienne âgée d'une trentaine d'année. Assez jolie, elle est vêtue de la robe traditionnelle : a*o dai*. Cette robe à col monté, fendue sur les côtés, épousant la forme du corps se porte sur un pantalon ample. Elle rend les femmes plus féminines et séduisantes. Maly, Rundy et Chak Riya ne sont pas seules. Il y a un grand nombre de Cambodgiens qui se présentent. Quittant leur pays, les expatriés se parlent facilement. Soudain un jeune homme s'approche des trois sœurs. Il s'agit d'un Cambodgien d'origine chinoise d'une famille richissime. Son prénom : Song. Son père était ami du mari de Neuv, la sœur cadette de Madame Chhuor.

- Vous êtes ici depuis combien de temps ? demande Song.
- Trois jours.
- Ma famille est arrivée depuis le début de la prise du pouvoir par les Khmers rouges. Nous avons fait la démarche en vue de partir pour la France. Mon frère se trouve à Grenoble. Il nous a fait un certificat d'hébergement. Il est ami de Boni, votre cousin.
- Nous n'avons pas l'adresse de notre cousin.
- Moi, je l'ai. Je vous la donne.

Le jeune homme sort son carnet d'adresse. Il note celle du cousin sur un papier, puis le donne aux trois sœurs. Celles-ci sont contentes de l'avoir. Mais leur contentement demeure limité. Comment peut-on compter sur un jeune cousin pour prendre en charge une famille alors qu'il n'est qu'un étudiant ? Leur méditation est interrompue par l'appel de la secrétaire. Cette dernière fait signe à Maly, Rundy et Chak Riya de rentrer au bureau de son chef, délégué de la Croix Rouge Internationale. C'est un Suisse âgé d'une trentaine d'année. Il est distingué et gentil.

- Avez-vous de la famille en France ?
- Un cousin.
- Nous allons nous mettre en relation avec lui afin qu'il fasse la démarche pour vous. Si vous connaissez d'autres personnes nous ferons la recherche.

Confiantes en la bonté de cet homme, les trois sœurs sortent leurs diplômes de leurs poches. Elles les montrent au délégué. Il dit :

- C'est très intéressant d'avoir ces papiers. Je vais faire des photocopies pour les envoyer à votre cousin.

En quittant la Croix Rouge, les trois sœurs discutent :

- Heureusement nous avons pu emmener nos diplômes.

- Nous avons risqué notre vie pour les garder. Ils auraient pu devenir assassins sous la domination des Khmers rouges.

Maly intervient :

- A la pagode, Khan m'a dit que l'on pouvait vendre les diplômes à un prix bien élevé. Il faut donc bien les cacher de peur qu'ils ne soient volés. Il y a des gens qui fabriquent des faux papiers pour les vendre aux crédules. Ces papiers servent de modèle.

- Nous avons intérêt à garder nos diplômes sur nous, nuit et jour, dit Rundy.

- Nous ne pourrons être tranquilles que lorsque nous serons en France, ajoute Chak Riya.

Les trois sœurs se hâtent de rencontrer leur mère, leur frère et leur petite sœur. Il ne faut pas laisser les trois longtemps seuls à la pagode. Depuis plus de cinq ans, à cause de la guerre déclenchée en 1970, Madame Chhuor était tout le temps inquiète. Les roquettes lancées par les Khmers rouges tombaient sans cesse dans la capitale. Dans les zones occupées par ceux-ci la population subissait les bombardements. La vie était fragile dans les deux terres. Tous les soirs, très angoissée, Madame Chhuor attendait son mari et ses enfants qui rentraient les uns après les autres. Pendant cinq ans, elle répétait quotidiennement : « Je ne suis soulagée que lorsque tout le monde est rentré. »

A présent, la moitié de la famille ne rentrera jamais. On n'entend plus Madame Chhuor répéter la même phrase. Maly, Rundy, et Chak Riya, lisaient beaucoup de romans français et chinois. Dans un livre chinois, l'auteur a écrit qu'une grande douleur inhibe tout : paroles et larmes. Le silence de Madame Chhuor signifie que sa douleur est insondable. On peut mesurer la profondeur de l'océan. Mais pas la souffrance des Chhuor.

Le jour finit son parcours. La nuit se hâte de prendre le relais. Le ciel est parsemé d'étoiles. Le vent de février apporte de la fraîcheur à la terre tropicale. La pagode est toujours animée. Les enfants jouent et crient sans se préoccuper de leur avenir. Les adultes discutent. Malgré l'incertitude, la vie vaut la peine d'être vécue. Après la prière sous l'arbre Boudhi, Madame Chhuor et ses enfants se dirigent vers le même endroit, la véranda du temple. Le soir est le moment idéal où la famille se retrouve. Maly, Rundy et Chak Riya font le compte rendu de ce qui s'est passé dans la journée. De l'accueil chaleureux du délégué de la Croix Rouge. De la rencontre avec le Cambodgien d'origine chinoise, puis la découverte de l'adresse de Boni en France. Madame Chhuor écoute le récit sans émotion, sans faire de commentaire. Femme courageuse, elle ne dévoile pas son chagrin. Mais sous cet aspect imperturbable se cache un cœur meurtri. Personne ne peut être à sa place. Le plus célèbre écrivain du monde serait incapable de décrire la souffrance des Chhuor. Mais la vie n'est pas toujours sombre. Il est inutile de se tracasser. Demain sera un autre jour qui nous offrira une autre surprise. Le destin nous impose un rôle sans nous laisser le temps de nous préparer. L'idée de dire que nous sommes maîtres de notre destin paraît inacceptable. Voyageant dans le passé, Maly se sent ridicule. Jadis, elle récitait par cœur la pensée d'un auteur français dont elle a oublié le nom : « *Je suis maître de moi-même comme maître de l'univers.* » Dans cette pensée, elle était attirée par l'idée *maître de moi-même*. Souvent, elle tâchait d'être maître d'elle-même. Mais à présent, elle doit se dire : « Je ne suis pas du tout maître de moi-même. Mais soumise aux évènements. » La tragédie est une leçon d'humilité. Madame Chhuor avait raison. Elle ne cessait pas de répéter : « Il faut être humble et demander la protection de Bouddha. Si nous ne formulions pas la demande, le monde invisible ne viendrait pas vers nous. Il en est de même pour le monde visible. Sans le leur dire, comment les deux mondes pourraient-ils savoir ce dont nous avons besoin. »

La discussion est ouverte :
- Demain, où irons-nous ? demande Chak Riya.

- Nous allons marcher et marcher, répond Rundy.
- Nous suivrons notre intuition, ajoute Maly.
L'heure ne fait qu'avancer. Il est minuit. Les Chhuor vont se coucher.

*

5 février. Une nouvelle journée démarre. A la pagode, tous les matins, on prend le même rythme : la distribution de l'eau. Avec des seaux, tous les réfugiés font la queue pour recevoir l'eau destinée à l'utilisation quotidienne. Les Chhuor se lavent tous les jours, malgré l'incommodité. Au Cambodge, avant la tragédie, trois fois par jour. Au moins deux. Dans le pays tropical il fait presque tout le temps chaud, sauf quand il pleut.

Il faut vivre comme tout le monde. Il n'y a pas à se plaindre. Les Chhuor sont habitués à cette vie en communauté. Jusqu'à quand, cette vie durera-t-elle ? Un mois ? Un an ? On n'en sait rien. Il est inutile de poser la question. Après tout, nous ne pouvons pas déclencher des événements, ni dire à la terre de tourner plus vite ou plus lentement. Puisque l'on ne sait pas où aller, les apatrides n'ont ni la notion de l'espace, ni celle du temps. Ils obéissent à une seule loi : l'incertitude.

Après la douche, les trois sœurs se préparent en vitesse. Les Chhuor prennent un maigre petit déjeuner. Maly, Rundy et Chak Riya quittent la pagode pour une destination inconnue. Elles sillonnent la capitale, à la recherche du miracle. Ce miracle, existe-t-il ? Oui, il faut y croire.

Les trois sœurs discutent :
- Ce spectacle des aliments n'est pas bénéfique pour nous. Il faut éviter de les regarder.
- Finalement, le besoin primordial de l'homme c'est de se nourrir. Le reste demeure secondaire.
- Regardez, il y a une épicerie occidentale.
Soudain, un Asiatique d'âge moyen sort de l'épicerie. Il interroge les trois sœurs en cambodgien :
- Etes-vous Cambodgiennes ?
- Oui !

- Je connais un Français, marié avec une Cambodgienne. Il est professeur, et était au Cambodge. Son nom : Monsieur A. Ce couple demeure dans la cité des Français. Je peux vous donner leur adresse.

L'homme rentre dans son épicerie. Il sort avec un bout de papier sur lequel figure l'adresse de Monsieur A. Pourquoi cet homme sort-il de son magasin au bon moment ? S'agit-il d'un hasard ? Sinon, d'un petit miracle. La terre continue à tourner. Nous continuons à rencontrer des évènements imprévisibles.

Grâce au plan de Saigon offert par le père B, les trois sœurs ont remarqué que la cité des Français ne se trouve pas loin. Un quart d'heure après, cette cité apparaît. C'est une enceinte composée de plusieurs bâtiments aux étages pas trop élevés. Les trois sœurs franchissent la porte d'entrée. Il n'y a personne. Comment faire ? A qui faut-il s'adresser ? Elles sont sur le point de partir. Soudain, un occidental, certainement un Français, d'âge moyen sort d'un ascenseur. Aborder un inconnu, de surcroît un occidental, paraît incorrect. Mais les circonstances nous obligent à changer notre façon de penser. Il faut demander des renseignements à cet homme : « Monsieur, s'il vous plaît ! »

Quelle déception, voire humiliation. Cet homme ne répond pas. S'agit-il d'un mépris ? D'une indifférence ? La peur d'être agressé ? Pourtant les trois sœurs n'ont ni une allure effrayante, ni méprisable. En revanche, elles ont reçu une éducation même sévère basée sur la conduite à tenir pour être respectées. On peut supposer qu'un Occidental ne voit pas les choses de la même façon qu'un Asiatique. Les trois sœurs sont vexées. Mais il faut aller jusqu'au bout. Ce n'est pas le silence qui va sauver notre face. D'un ton sec, elles expliquent :

- Nous sommes Cambodgiennes. Nous recherchons Monsieur A.
- Il était professeur au Cambodge.
- Sa femme est Cambodgienne.
- C'est moi, répond cet homme.

Quelle coïncidence! L'homme sourit de tout cœur. La joie jaillit de son regard. Il est plutôt affable. C'est la deuxième fois que Maly a remarqué que le mot cambodgien est magique.

Heureusement, les trois sœurs n'ont pas porté le jugement sur cet homme. Il n'a pas eu sans doute le temps d'observer, de réfléchir, il aurait été pris par d'autres préoccupations. Certains professeurs français qui étaient au Cambodge ont quitté ce pays à contre cœur. Même en pleine guerre, ils préféraient y rester. Mais au denier moment, l'ambassadeur de France les avait obligés à faire leur valise pour éviter les dangers.

Monsieur A continue :
- Je vous emmène voir ma femme. Elle sera contente.

Maly, Rundy et Chak Riya suivent celui-ci. Ils prennent un ascenseur. Monsieur A ouvre la porte de son appartement. Il dit à sa femme.
- Regarde. Qui t'amène-je ?

Les trois sœurs saluent Madame A à la cambodgienne en joignant les deux mains.
- Bonjour, grande sœur.
- Bonjour, petites sœurs, répond Madame A en joignant les deux mains également.

Pressé, Monsieur A annonce :
- Je suis obligé de vous laisser. Je dois aller travailler. Je vous conseille d'aller voir la directrice du collège Colette pour demander du travail. Puis vous irez voir Monsieur S de ma part. Il était professeur au Cambodge. Et il s'occupe des jeunes cambodgiens.

Au départ de A, les femmes discutent. Déchirées par la séparation familiale, les évènements du pays, elles sont soulagées de pouvoir parler de leur peine. Les trois sœurs quittent Madame A. Cette dernière leur dit :
« Passez me voir de temps en temps. »

En chemin, Maly, Rundy, et Chak Riya discutent :
- Notre réseau de relations va s'agrandir.
- Au départ, nous avons eu zéro ami.
- Il faut aller voir Monsieur S. Ensuite la directrice du collège Colette.
- Mais chercher du travail n'est qu'une illusion. Pour quel poste ? Cependant il faudra y aller. Même pour rien.

Elles marchent, marchent, cette fois pour une destination précise. L'amitié est très importante. Etre soutenu, en cas de tragédie, la douleur sera moins lourde à porter. Au bout d'une heure, les trois sœurs arrivent chez Monsieur S. Il a le même âge que Monsieur A, trente cinq ans environ. Chaleureux, distingué, c'est un homme simple qui ne se prend pas au sérieux. Sa femme est vietnamienne. Elle est gentille. Mais elle se retire au lieu de se mêler à la conversation. Les trois sœurs racontent l'histoire de leur famille à ce monsieur. Il écoute avec attention. Puis il dit :

- Vous êtes très courageuses. Vous racontez votre tragédie en souriant. Vous viendrez me voir pour me tenir au courant de l'évolution des choses.

- C'est entendu.

La conversation terminée, il faut se retirer sans tarder pour éviter d'être ennuyeux.

En chemin, elles discutent :

- Monsieur S a dit que nous sommes courageuses : nous lui avons raconté nos épreuves en souriant.

- Une découverte, depuis que nous sommes nées personne ne l'a remarqué !

- Il se peut qu'il nous ait trouvées anormales de sourire dans une telle condition.

- Mais, ce n'est pas non plus une raison de pleurer sous prétexte que l'on est malheureux.

Au bout d'une demi-heure, les trois jeunes filles arrivent au collège Colette, un établissement français. Les élèves sont nombreux. Les trois sœurs se dirigent vers le bureau d'accueil. La secrétaire est Vietnamienne. Celle-ci demande le motif de la visite. Puis elle conseille : « Quand vous vous adresser à madame la directrice, il faut l'appeler Madame la Directrice. »

Les trois jeunes filles sont accueillies par une Française, quadragénaire. Cette dernière a l'air sévère, digne d'être directrice. Elle demande aux trois sœurs de remplir un papier pour un éventuel travail. Sans doute, pour ne pas dire non afin d'éviter de blesser ces réfugiées. Sous l'aspect autoritaire se cache un cœur sensible. A la fin de la conversation, elle dit :

« Allez voir Mademoiselle K de ma part. Elle était au Cambodge. Elle parle cambodgien. Et elle s'occupe des jeunes cambodgiens. »

Les trois sœurs quittent la directrice. Puis elles décident :
- Nous allons voir Mademoiselle K demain. Aujourd'hui, la journée a été bien remplie.

C'est le moment de renter voir leur famille. Les déplacements en ville ont uniquement un objectif de résoudre le problème de survie. Non une promenade de loisir.

Le repas du soir terminé, les Chhuor se réunissent sur la véranda du temple. Maly, Rundy et Chak Riya racontent à leur mère et leur frère les évènements extraordinaires de la journée qui avaient favorisé diverses rencontres. Depuis l'exode, les Chhuor rencontrent toujours des évènements inattendus qui dépassent l'imagination. A vrai dire, en temps normal, la vie se déroule selon la loi de la routine. On n'attend rien de particulier. C'est la vie de calvaire qui nous pousse à rechercher des portes de sortie, des secours, des amis. Dans les romans classiques khmers, les acteurs principaux avaient vécu mille tragédies avant de se retrouver et d'atteindre la sérénité. Ces romans émouvants deviennent dès lors des chefs d'œuvres. Le drame est-il indispensable pour créer ces récits poignants ? Sans la tragédie, il n'y aurait pas de chefs d'œuvres émouvants. Molière avait beau écrire les pièces pour faire rire, mais sous ces comédies se cache le drame. Balzac devint un maître de la littérature grâce à son enfance malheureuse, mal aimée. Chateaubriand avait beau être né dans une famille d'aristocrates, sa vie n'était pas joie. Finalement la beauté littéraire naît de la souffrance. La tragédie pousse à estimer davantage la vie. Car dans n'importe quelle condition, on se bat pour la protéger. Elle est unique. Riche ou pauvre se trouve dans la même égalité. Chacun n'a qu'une vie. Cela ne veut pas dire que l'on souhaite rencontrer la tragédie.

A tour de rôle, les trois sœurs font des commentaires.

Madame Chhuor écoute ses filles sans s'exprimer. Elle ne raconte plus des récits à ses enfants. Jadis, bonne conteuse, elle narrait inlassablement l'histoire de sa vie, de son enfance, de ses parents, de ses grands parents, de ses combats, sans oublier bien sûr celle de sa belle-mère, femme hors du commun. Possédant un puits de proverbes et dictons, lorsqu'elle grondait ses enfants, elle se servait toujours de ceux-ci comme illustration.

Monsieur et Madame Chhuor ont transmis à leurs enfants le goût de la lecture. Ces derniers avaient tout le temps un livre à la main. Mais aucun n'avait choisi les études de lettre, de philosophie. Ils déclarèrent :

- La littérature, jamais. Je ne suis pas à la hauteur de cette matière, un monde d'imagination avec toujours la tête dans les nuages.

- Tandis que dans les autres matières on sait que 1+1=2.

- La plume est pour les autres et non pour nous.

En revanche, ils discutaient littérature et échangeaient des idées sur des livres. Monsieur Chhuor, le père était doué en écriture. Mais sa plume était pour rendre service aux autres et non pour faire un métier. La qualité de rédaction de Eng, le premier fils, était remarquable. Mais il avait choisi les études de droit.

Les frères aînés recommandaient à leurs sœurs :

- Quand vous lisez, n'oubliez pas de souligner les idées importantes. J'aimerais savoir si je suis du même avis.

- Nous n'y manquerons pas, répondaient les sœurs.

- Nous allons réfléchir ensemble, disaient les frères.

Les frères aînés racontaient à leurs sœurs les choses qui se passent dans le monde, notamment en France. Les jeunes filles Chhuor avaient une admiration pour leurs frères, les hommes de savoir. Elles se disaient qu'elles ne pouvaient pas vivre sans eux. Et elles étaient d'accord pour déclarer qu'elles avaient besoin de lire tout le temps. Car la nourriture spirituelle est aussi indispensable que la vraie nourriture. Finalement, tout est éphémère. A présent, sans la lecture, la vie continue quand même. Les trois sœurs n'éprouvent aucun besoin de lire. Elles ne se sentent pas frustrées. Elles n'y pensent même pas. En fait, la nourriture spirituelle n'est pas indispensable. C'est la vraie nourriture qui est vitale. Comme quoi, on s'adapte à toutes les situations de la vie. Il est inutile d'affirmer quelque chose. Rien n'est permanent.

Les aiguilles des montres ne font que tourner dans le même sens. Le déplacement de ces aiguilles fait avancer le temps, mais en théorie. C'est l'homme qui détermine ce temps, qui invente les dates. A la nuit des temps, on vivait sans être obligés d'obéir à ces instruments. Mais on regardait le soleil, les étoiles. Les Chhuor n'ont plus cette conception du temps. Vivant comme les hommes de la préhistoire, ils ne sont plus sous la contrainte des heures pour aller travailler ou étudier. Ils se demandent combien de temps ils continueront à vivre dans cette situation où le temps n'est plus leur maître. Cette vie ne peut pas durer continûment de cette façon. Mais il faut croire au miracle. Jadis, ils n'évoquaient jamais ce mot mystérieux. Cependant Madame Chhuor priait et récitait tout le temps les sentences de Bouddha. A présent, ses enfants prient également. Dans le malheur, les Chhuor s'abritent à l'ombre de Bouddha, de la puissance mystérieuse. Ils comptent aussi sur l'aide des membres de la famille qui se trouvent dans l'au-delà. En définitive, on ne pense au monde invisible qu'en cas de malheur.

Après le petit déjeuner, les trois sœurs quittent leur mère, Sokunthea et Sethy pour entamer une autre démarche. Cette fois elles ont un objectif précis : aller voir Mademoiselle K. Elles sont habituées à cette grande ville. Le déplacement ne pose plus de problème. Parfois elles prenaient le bus. Quand on veut descendre à une station, il suffit de dire *sourng*. Elles retiennent aussi la phrase indispensable en vietnamien pour demander : « *Où se trouve la rue...?* ». Croyant que ces jeunes filles parlent la langue du pays, les passants font un long discours, juste pour expliquer où se trouve cette rue. Les trois sœurs font semblant d'écouter. En réalité, elles ne regardent que l'index pour savoir la direction à prendre. Puis elles disent merci en vietnamien.

C'est un contentement d'aller voir quelqu'un qui aime votre pays et votre peuple. De surcroît, Mademoiselle K parle couramment le cambodgien. Mais ce n'est pas une raison pour converser en cette langue avec elle. Puisque les Chhuor envisagent de partir pour la France, il importe de s'entraîner à parler français. La rencontre avec des Français est une meilleure école pour pratiquer la langue, pour connaître la mentalité, les us et coutumes. Les trois sœurs avaient bel et bien appris le français, mais elles n'avaient pas eu l'occasion de le pratiquer. Certes, elles avaient eu des professeurs français, mais ils n'enseignaient que leurs matières et non pas le mode de vie en France.

Enfin, elles arrivent à l'adresse indiquée. Mademoiselle K demeure dans une petite résidence à deux étages. C'est une dame quinquagénaire. Sa taille dépasse légèrement la moyenne. Elle est distinguée, sympathique tout en étant réservée. Sa robe mauve accentue son côté sérieux et réfléchi. La salle de séjour est grande, remplie de livres, de bibelots, des objets de souvenir. Cela prouve qu'elle est une grande voyageuse. Un désordre voulu règne dans la pièce. On voit des livres, des bouts de papiers éparpillés partout. C'est le caractère d'une femme d'esprit dont le petit détail n'est pas son souci. Selon la règle du savoir-vivre, il ne faut pas promener le regard partout quand on va chez les gens. Mais les trois sœurs sont surprises, voire émues : sur un petit meuble, on voit un livre dont le titre, *Cambodge, pays du sourire*. Il est hors de question de crier d'enthousiasme ou de faire un commentaire. C'est contre la règle de bienséance. Les trois sœurs lui exposent le calvaire du Cambodge. Mais à force d'en parler, le récit se raccourcit. Le cerveau n'est pas une bande magnétique qui reproduit la même chose. Un jour, il n'y aura plus rien à raconter. La tragédie du pays ne sera plus connue. Mademoiselle K écoute l'histoire avec tristesse. Ce pays fait partie d'elle-même. Elle réfléchit. Puis elle dit :

- Ne vous faites pas d'illusion. Il est impossible de trouver quelqu'un qui fera un certificat d'hébergement pour six personnes. Une de vous partira. Dès que vous serez en France, vous réclamerez le reste de la famille. Je m'en occuperai.

- Nous vous remercions infiniment de votre pensée à notre égard, répondent les Chhuor.

Mademoiselle K sort quelques billets de son porte-monnaie. Attentive, elle pense aux difficultés de la vie des réfugiés. Ils ont besoin d'être aidés. Les trois sœurs sont très touchées. Mais, il convient de rester naturelles. Recevoir de l'argent est bien. Mais c'est un acte d'humilité qui vous met mal à l'aise. Toutefois ce n'est pas le moment de garder la tête haute. Dans l'histoire du monde, à chaque changement de régime d'un pays il y a le changement de la vie du peuple. Le pays aussi, un jour il est à l'apogée, un autre, il chute. Le Cambodge était un grand empire puissant et glorieux. Ensuite il est devenu petit. A présent, la population est décimée. La race khmère va disparaître.

Les trois jeunes filles Chhuor font la connaissance de deux jeunes Cambodgiens, anciens étudiants, hébergés chez Mademoiselle K. Puis elles se retirent. Leurs sentiments sont mêlés de satisfaction et de désarroi. En chemin, elles échangent leur opinion :

- La réflexion de Mademoiselle K est logique. Il est impossible de trouver quelqu'un qui puisse héberger six personnes. Mais cette affirmation est très démoralisante.

- La moitié de notre famille a déjà disparu. Nous ne pourrons plus nous séparer.

- Nous partirons ensemble ou pas du tout.

- Le père B a déjà fait la démarche. Le père Jacques de Leffe pourra certainement trouver une solution.

L'avantage de la jeunesse est de ne pas se laisser ravager longtemps par des soucis. Les trois sœurs changent de sujet

- Mademoiselle K est très attachée à notre pays. La preuve, chez elle il y a un livre : *Cambodge, pays du sourire.*

- Il faut devenir apatrides pour savoir que nous somme peuple du pays du sourire.

- Maintenant il n'y a plus de sourire. Ce sourire se transforme en larme.

- Monsieur S avait fait la réflexion : « Vous êtes courageuses, vous narrez la tragédie en souriant. »

- Cela veut dire que ce sourire n'a pas disparu. Entre nous, Khmers, personne ne l'a remarqué.

Mais au temple d'Angkor, on voit les sourires partout. Pierre Loti a été effrayé par ces innombrables sourires gravés sur pierre. (Un pèlerin d'Angkor.) Ce sourire est donc un héritage. Mais derrière celui des Chhuor et des Khmers se cache une profonde déchirure.

Malgré le drame, les jeunes filles croient en quelque chose. Ce quelque chose est inexplicable. Ne se voyant ni fortes, ni intelligentes, elles pensent qu'il existe une force supérieure qui nous dirige. Pour elles, partir ensemble sera possible.

*

Le repas du soir est un moment privilégié pour les Chhuor, un partage. La nuit aussi. Sur la véranda du temple, la mère est entourée de ses enfants. Jadis, elle se donnait beaucoup de mal pour élever ses enfants. A présent ses trois filles prennent en charge le destin de la famille. Madame Chhuor a entièrement confiance en celles-ci. Jadis, elle répétait sans relâche : *il ne faut pas élever ses enfants seulement pour soi. Mais aussi pour les autres.* C'est à dire que ses enfants doivent être aimés par autrui. C'est ainsi qu'elle conseillait à ses enfants de respecter les autres et d'être fraternels. Elle corrigeait sans tarder les paroles maladroites de ses enfants. Monsieur Chhuor n'est plus là. Mais ses enfants retiennent toujours ses recommandations, ses conseils. La sagesse, la tolérance, le sens de la fraternité étaient sa ligne de conduite. Il avait un tempérament très doux. Mais son ascendant sur les enfants était remarquable. Un ordre était un ordre. Quand il fixait des rendez-vous à ses enfants, ces derniers devaient les respecter strictement. Cinq minutes de retard étaient impardonnables. Ce n'était pas pour lui. Mais pour habituer les enfants à respecter les autres.

Madame Chhuor soupire :

- Quel est le sort de votre père, de vos frères, Eng, Kuong, Thân ? Seraient-ils en vie ? Ils penseraient sans doute que nous sommes morts. Quant à Seila, est-il vraiment mort ?

- Peut-être, dit Rundy, auraient-ils quitté le Cambodge ?

- Nous les retrouverons un jour, assure Chak Riya.

- Je pense beaucoup à eux, murmure Sethy.

Pensant au souvenir du passé, Maly évoque :

- Mony a fait un mauvais rêve peu de temps avant la prise du pouvoir par les Khmers rouges. Dans ce songe, elle a vu l'incendie partout. Ce rêve était donc prémonitoire. Deux semaines avant la tragédie, j'ai lu un roman américain traduit en français, dont j'ai oublié le nom de l'auteur : *un homme était séparé de sa femme et de sa fille qui était un nourrisson. Celles-ci étaient enlevées par une tribu sauvage. Les aborigènes vénéraient la mère et sa fille en les nommant déesses blanches. Vingt ans après, l'homme retrouva sa femme et sa fille. Mais les deux femmes se sentaient mal dans la société civilisée.* Au moment où je lisais ce roman un sentiment d'angoisse m'a dominée. A présent, notre famille est séparée comme cette fiction. Il faut espérer que nous nous retrouverons. Mais pas au bout de vingt ans. C'est trop long. Passant notre existence à interpréter, à faire attention à tous les signes, la vie paraît difficile. Cependant certains signes sont prémonitoires.

Chapitre 6

Héroïsme

Maly n'oublie pas sa promesse à l'égard de Christiane, la jeune femme vietnamienne. Le rendez-vous est fixé au centre Alexandre de Rhodes pour des cours de cambodgien.

Christiane raconte :
- Le père B était inquiet pour toi.
- Pourquoi ? demande Maly.
- Il a parlé de toi en me disant : « Elle est trop belle. J'ai peur qu'elle soit kidnappée. »

Trop belle ? Ce n'est pas le moment de penser à la beauté. Maly n'y a jamais cru. L'idée de se croire trop belle lui paraît ridicule, elle ne prête pas attention à ce sujet, même au temps normal avant la tragédie. Le destin lui imposa des tâches de lourdes responsabilités pour l'Etat. Cela ne lui laissa pas le temps de réfléchir à autre chose. Au contraire, elle pense que les Khmers rouges ont enlevé la beauté aux femmes khmères. A présent, elle a compris pourquoi le père B l'avait regardée comme si elle était une extraterrestre. Cela n'est pas nouveau. Au Cambodge, avant la prise du pouvoir par les Khmers rouges, d'un endroit à l'autre les gens parlaient d'elle. Cela provoquait des discussions, des controverses. On la regardait comme si elle était un objet vivant et non un être humain. Ces regards indiscrets n'étaient pas source de fierté. Mais ils la rendaient mal à l'aise. Quand on est sous contrôle, on n'a pas de liberté. Chany, son amie, lui avait révélé ce secret : cette attirance n'avait rien à voir avec la beauté physique, mais c'est parce qu'elle n'était pas comme les autres. Il s'agit d'un mystère. Est-il avantageux d'être différent des autres ? Cela servirait à quoi ? Sinon à avoir des ennuis. Mais personne n'est maître de sa destinée.

Quelques mois avant le déclenchement de la guerre, elle enseignait dans un lycée provincial. Elle vivait chez Madame Poy. La fille de cette dernière était son élève. Un jour celle-ci lui dit :

- Mademoiselle, j'ai une nouvelle à vous annoncer : vous êtes élue à l'unanimité.
- Pour quelle fonction ?
- Vous êtes nommée par nous « la plus belle femme » parmi les professeurs du lycée. J'en suis très contente. Maman aussi. Et j'ai crié : c'est notre demoiselle qui est élue la plus belle femme !

Avec fierté, cette jeune fille expliqua le déroulement de ce concours de beauté sans candidates : Nous, tous les élèves du lycée, nous avons dressé une liste des beautés. Puis nous en avons éliminé au fur et à mesure. A la fin, il n'en restait que deux : vous et Mademoiselle Sour. Vous savez, c'était très difficile pour nous d'éliminer une des deux. Enfin, tout le monde était d'accord pour vous choisir.

Madame Poy, la mère, ajouta : entre vous et Mademoiselle Sour, nous avons eu l'embarras du choix. Mais j'ai donné mon avis aux femmes du quartier. Mademoiselle Sour est très belle. Mais vous, il y a autre chose, un mystère. Tout le monde en fut convaincu.

Sour et Maly étaient grandes amies. Elèves et femmes du quartier les mettaient en rivalité. C'était l'ironie de la vie. Maly ne se rendait pas compte que sa vie était liée au mystère. Mais c'était les autres qui le disaient. Quand elle sortait avec ses sœurs, Rundy, Chak Riya et Mony l'attirance de regards s'accentuait. C'était sans doute le mystère qui accompagnait l'existence des Chhuor. Ce mystère ne rend pas la vie facile.

La beauté n'est pas toujours un avantage. Sous la dictature des Khmers rouges, les jeunes femmes déportées étaient contentes d'être laides. La baguette maléfique de la sorcière avait mis ces femmes dans l'égalité en peu de temps. Selon, les Khmers rouges, elles ressemblaient toutes aux guenons. Kuong, le second frère, regardait ses sœurs sans rien dire. Mais à travers son regard mélancolique on comprenait le message. Grand-tante Kit avait pleuré en voyant ses petites-nièces. Les jeunes filles Chhuor savaient qu'elles avaient subi une transformation physique effrayante.

Les Khmers rouges avaient nommé *Neary* chauve (*Neary*, mot sanscrit, signifie femme) comme chef des déportées parce qu'elle était une femme sans beauté, sans charme avant même la transformation. De plus, elle était la seule à oser se raser la tête. Cette femme était brave et tolérante. C'est à dire qu'elle avait la beauté intérieure. Elle avait même l'audace de défendre les trois jeunes filles Chhuor. Ces dernières étaient très mal vues par la révolution. Sarik, le petit chef, un Khmer rouge de dix huit ans, n'avait pas du tout apprécié cette audace. Dès lors il avait sanctionné cette femme courageuse en lui imposant un lourd travail destiné aux trois sœurs. Ces dernières en avaient été très peinées. Ensuite, la fonction de chef de *Neary* chauve a été retirée. Un autre homme qui avait la beauté du cœur également, c'était Ban. Il était nommé chef des déportés à cause de son ancien statut d'ouvrier. Cet homme était tolérant à l'égard de tous les déportés. De plus, il avait défendu les Chhuor, et les aida à s'évader. Si les Khmers rouges l'avaient su, ce brave homme aurait été puni, voire éliminé.

Maly pense également aux sacrifices de ses sœurs à son égard. Le courage de sa mère était remarquable et inoubliable. Son père préférait se priver en laissant ses rations à ses enfants. Ses frères aînés veillaient sur leurs sœurs. C'est dans des situations critiques, dramatiques, que l'on peut découvrir les cœurs nobles, la vraie beauté : la beauté intérieure. En définitive, c'est la beauté du cœur qui sauve l'humanité. C'est dans la tragédie que l'on voit surgir l'héroïsme.

A vrai dire, la beauté physique est éphémère. Elle ne dure qu'une saison comme les fleurs qui s'épanouissent au printemps. Quant à la beauté du cœur, elle dure pour l'éternité.

Chapitre 7

Espoir

Les jours s'en vont. Les réfugiés demeurent toujours dans la pagode. Jusqu'à quand ? Personne ne le sait. Ces réfugiés ont le même statut d'apatrides. Cependant leur vie n'est pas pareille. Ils sont divisés en deux groupes. Un groupe minoritaire a de la famille en France. Ce sont des privilégiés. Ils guettent chaque jour le facteur. Quand ce dernier arrive, tout le monde se précipite vers lui. Le vocable des privilégiés est limité à deux mots : visa d'entrée et visa de sortie. L'attente est longue. Mais ils ont l'espoir de gagner un pays d'accueil. La plupart des réfugiés n'ont pas de parent à l'étranger. Leur avenir est dans l'incertitude. Mais pour survivre, ils se nourrissent d'espoir d'une évacuation générale vers un pays d'accueil. Les Chhuor se trouvent à mi-chemin entre les deux groupes. L'attente de la réponse du père Jacques de Leffe est source d'espoir. Il importe de garder cet espoir pour survivre.

Le programme des trois sœurs se traduit par sillonner la ville. En chemin elles voient une église. Un prêtre occidental d'âge avancé est apparu. Elles le saluent. Et puis il se présente avec gentillesse.

- Je m'appelle le père O. Je suis Canadien.
- Nous sommes Cambodgiennes.

Entendant ce mot, le prêtre sort un billet. Les trois sœurs sont contentes. Mais aussi gênées. Ensuite arrivent deux religieux vietnamiens. Ils sont frères. Les frères vietnamiens sont sympathiques. Elles discutent avec eux. En sortant de l'église elles prennent une décision.

- Le père O a une très grande bonté. Mais ce n'est pas facile pour nous de recevoir de l'argent d'autrui.
- Cette église sera la dernière. Il ne faut plus entrer dans une autre.

- Mais faire la connaissance des frères vietnamiens est une bonne chose. Ils sont gentils. Il est important d'avoir des amis.
- La prochaine fois, il faut essayer de trouver des pagodes bouddhistes afin de prier devant la statuette de Bouddha. Dans la pagode khmère, le temple est fermé.

Malgré la précarité, il existe chez les Chhuor un sentiment de combat pour préserver la dignité. Tout peut arriver dans la vie. Nous sommes obligés d'accepter la loi du destin. Personne n'a choisi sa vie, son pays. La tête haute finit par se baisser. Il faut reconnaître que ces gestes d'humilité ne se produisent pas sans souffrance. Le temps ne peut rien effacer. Mais il peut atténuer des choses. Ce temps est notre maître. Il nous enseigne les règles à suivre en fonction des situations.

Pour entretenir leurs relations, les trois sœurs passent leur temps à aller voir leurs amis. Elargir le réseau d'amitié est un moyen pour ne pas penser tout le temps à la tragédie. Mais trop d'amis finit par lasser. Tout a ses limites. Bouddha enseigne la loi du juste milieu. Il est raisonnable de suivre son chemin de sagesse.

Elles décident d'aller voir Mademoiselle K. Celle-ci accueille les Chhuor à bras ouverts. Maly lui confie l'histoire d'une amie vietnamienne qui désire apprendre le khmer afin de partir du Vietnam sous le nom d'une Cambodgienne. Mademoiselle K prend un air sévère. Puis elle dit :
- Faites attention, si l'autorité vietnamienne est mise au courant, vous risquez des ennuis.
- Mais cette femme est présentée par le père B.
- N'écoutez pas les prêtres. Ils sont naïfs.

Ensuite la dame change de sujet :
- Vous êtes les réfugiées les plus gâtées.

Les trois sœurs quitte Mademoiselle K. En chemin elles discutent :
- Mademoiselle K a raison. Donner les cours de langue khmère est dangereux. Mais tous les prêtres ne sont pas naïfs. Le père V est le roi de la méfiance.
- Elle a dit que nous sommes les réfugiés les plus gâtées. Pour quelle raison ?

- Pour mon amie, Kun, dit Maly, c'est son père qui prend en charge tous les problèmes. Sa famille n'est pas dispersée comme la nôtre. Nous sommes une famille déchirée par les séparations.

- Nous les filles, nous remplaçons notre père, nos frères. Je ne vois pas en quoi nous sommes les plus gâtées.

Elles continuent leur chemin en vue d'aller chez le pasteur N. A leur arrivée, Madame N est toujours chaleureuse. De sa voix musicale elle s'exclame : la famille Chhuor est consacrée !

Les trois sœurs avaient beau suivre des cours de français et lire beaucoup de livres, mais elles avaient des lacunes en vocabulaire. Elles n'ont pas compris ce mot *consacré*.

Ensuite Madame N conseille :

- Allez voir le père L de notre part. L comme lion.

Elles quittent le pasteur et son épouse. Puis elles disent :

- Notre famille est consacrée. Cela veut dire quoi ?

- C'est pour cela que Mademoiselle K avait dit que nous sommes les réfugiés les plus gâtés. En effet, tous les Européens se rencontrent et discutent.

- Nous avons décidé d'arrêter d'élargir le réseau d'amitiés. Mais cela ne dépend pas de notre volonté. A présent il faut aller voir le père L.

- Le père L demeure dans la même paroisse que le père V. Ce qui facilite notre tâche.

Enfin, elles arrivent à la destination. Le père L est un quinquagénaire. Il porte la barbe et a une allure sportive. Les prêtres ne se ressemblent pas. Ce prêtre est direct, ne surveille pas ses paroles. D'un air austère, sans sourire, il dit avec un ton sec : racontez-moi votre histoire en écrivant, je pourrai vous aider et aider les autres Cambodgiens. Je ne vous donne pas d'argent. Vous êtes déjà très gâtées par le pasteur N.

Les trois sœurs quittent le prêtre. Elles se concertent :

- Voilà une autre explication pour confirmer le propos de Mademoiselle K : nous sommes très gâtées par le pasteur.

- Le fait d'êtres gâté, on finit par ne plus être aidé.

Le soleil diminue d'intensité. La circulation est dense. C'est l'heure où les gens doivent rentrer à leur logis. Pour les trois sœurs, la journée a été bien remplie. Rejoindre sa famille est un réconfort dans ce malheur. A l'arrivée à la pagode, Maly demande à Téng :
- Connais-tu le père L ?
- Bien des gens le connaissent. Il avait aidé certains réfugiés de la pagode.
- Et toi ?
- Moi, non. Justement, j'ai l'intention d'aller le voir pour solliciter une aide financière. Mais il faut que tu m'aides.
- Que puis-je faire pour t'aider ?
- Ecris pour moi une lettre émouvante, dramatique. Tu lui raconteras que je suis malade et que j'ai ma famille à nourrir.
-Tu peux compter sur moi.
Ecrire une lettre d'accord. Mais auparavant, Téng avait dit :
- Peux-tu me montrer tes diplômes. J'aimerais les voir.
- C'est dommage, je les ai déposés à la Croix Rouge afin que cet organisme les envoie en France.
- C'est de l'idiotie de laisser ses trésors à la Croix Rouge.
- Pour être idiote, je le suis vraiment.
Elle a confiance en Téng, mais elle voulait faire croire dans la pagode que sa famille n'a plus de diplômes. L'honnêteté ne nous oblige pas à dire toutes les vérités au risque de nous nuire.

En définitive, le père L est un prêtre puissant. Il a un fonds pour aider des réfugiés. Puis il pourra secourir les Cambodgiens si on lui écrit des témoignages. Il faut donc lui narrer la tragédie. Ecrire quelques pages est une occasion de mémoriser les évènements.

La vie continue, mais dans l'incertitude. Il ne se passe rien. Les trois sœurs décident d'aller voir Monsieur A et sa femme cambodgienne. Le couple mixte accueille ces trois jeunes filles chaleureusement.

Monsieur A fait une réflexion :

« Toutes les trois, vous avez de beaux yeux. Vous n'avez pas besoin de vous maquiller. »

Malgré l'éloge, il importe de ne rien montrer. De plus, cet éloge n'a aucune importance. Il ne résout pas le problème de la vie. Quittant le couple, les trois sœurs discutent :

- C'est la première fois que nous entendons dire que nous avons de beaux yeux. Les Occidentaux disent ce qu'ils pensent.

- Mais ils ne pensent pas comme nous. Nous ne sommes jamais fières de nos yeux.

Les sœurs Chhuor admirent les yeux des Khmers de race pure. Ceux-ci sont noirs, grands, ornés de longs cils. De ce fait ils sont plus expressifs. Plus beaux encore, ce sont des yeux clos en état de méditation que l'on trouve sur les statuettes khmères de l'époque angkorienne. Il s'agit d'un voyage à l'intérieur de soi pour atteindre le cosmos. Mais ce n'est pas le moment de réfléchir sur la beauté des yeux. Le problème primordial : la survie.

Sur le chemin du retour, elles rencontrent une Vietnamienne quinquagénaire qui habite près de la pagode. Celle-ci parle français. Elle a deux grands enfants, un fils et une fille prénommée Tung. La dame est gentille, malgré la tristesse. L'amitié est donc née entre les trois sœurs et cette famille. Tung est une belle jeune fille. Elle ne parle pas français. Ses yeux mélancoliques expriment la sympathie. Elle sourit tout en étant triste. Son école est fermée. Elle doit vendre des gâteaux pour entretenir sa famille.

Rentrant à la pagode, les trois sœurs sont surprises. Sim et ses cinq enfants sont arrivés à Saigon. Mais ils n'habitent pas la pagode Chantaraingsey. De nouveau, les douze personnes se retrouvent selon le gré du destin. Comme sa mère, Sim a quatre filles et un fils. Ses filles, Sokun, Nakry, Thida et Nary sont âgées de 19, 15, 11 et 9 ans. Son fils, Votha, a 7 ans.

Après le repas, les Chhuor se groupent sur la véranda. La saison fraîche étant terminée, même la nuit on sent la chaleur. Mais dans le pays tropical il y a toujours des courants d'air qui rafraîchissent. La pagode est toujours bruyante. Le temps passe. La vie demeure pareille. Une vie de précarité.

Madame Chhuor soupire :

« Cela fera bientôt un an que nous sommes chassés de la capitale. Nous ne savons toujours pas où se trouvent votre père et vos frères. »

L'attitude de Madame Chhuor n'est plus la même. Elle ne donne plus de conseils à ses filles. Auparavant, la vigilance était sa préoccupation. Avant de sortir de la maison, elle faisait mille recommandations sur la prudence.

*

Avant la victoire des Khmers rouges, le Cambodge adoptait l'année chrétienne comme l'année officielle. Mais les cérémonies religieuses obéissaient au calendrier bouddhique. Sous le régime des Khmers rouges aucun calendrier n'était utilisé. A présent, n'ayant ni travail, ni étude, les Chhuor sont habitués à cette vie dont les dates ne comptent plus. Les jours passent. Mais rien ne se produit. Il faut donc bouger. C'est le moment d'aller voir le père B. Cette fois, il est gai. Il annonce : « J'ai une surprise pour vous. J'ai reçu une lettre du père de Leffe. Il y a un couple américain qui vous accueillera. »

Le prêtre entre dans son bureau, et ressort, une lettre à la main. Il la tend à Maly. C'est impressionnant. On voit le mot anglais « *Eglise catholique* » marqué sur une petite plaque ovale dorée. Le couple américain s'appelle Monsieur et Madame D. Ils appellent une famille cambodgienne de six personnes à venir les rejoindre.

- Mais nos noms ne figurent pas sur le papier, remarque Maly.

- Je vais écrire au père de Leffe à ce sujet.

Les trois sœurs quittent le prêtre. Leur cœur bondit de joie. Leur rêve va se réaliser. Il faut s'empresser d'annoncer la bonne nouvelle à leur mère et à leur frère, puis, à tous les amis étrangers. Mais, il est prudent de ne pas en parler aux réfugiés de la pagode, car le Vietnam et les Etats-Unis ne sont pas en bons termes. En premier, aller voir Mademoiselle K, elle indiquera les démarches à suivre. Au bout d'une demi-heure, les trois sœurs arrivent chez l'amie française. Cette dernière explique :

« Vous ne pouvez pas aller directement aux Etats Unis. Il faut passer par la France. On doit chercher des répondants en France en leur expliquant que vous ne serez pas à leur charge. Mais vous irez aux Etats-Unis après. C'est une bonne chose d'avoir ce certificat d'hébergement. »

A présent il est important d'aller voir le pasteur et son épouse. Chaque personne apporte une solution. Monsieur et Madame N sont contents de la bonne nouvelle. Le pasteur dit : « Demain j'emmènerai Maly au consulat de France pour demander la démarche à suivre. »

Les trois sœurs rentrent à la pagode. Elles annoncent la bonne nouvelle à leur mère et Sethy.

- Une famille américaine nous attend dans le Colorado.
- Comme ce couple est d'une très grande bonté ! s'exclame Madame Chhuor.
- Nous parlons peu l'anglais, intervient Sethy.
- Ce n'est pas un problème, répond Rundy, nous l'avons appris au Cambodge. Il suffit de nous entraîner.

Chak Riya donne son avis :

- Le père L aide beaucoup de réfugiés, sauf nous. Nous devrons lui demander de nous aider en payant des cours d'anglais.

A la pagode la vie change un peu. Un Asiatique est envoyé par des religieux chrétiens, notamment le père L, pour apporter de l'aide financière aux réfugiés. Ces derniers sont très contents d'être aidés. Mais ce contentement ne dure qu'un instant. Cet envoyé sera convoqué par l'autorité du quartier pour avoir commis un acte illégal. Tout doit passer par la voie officielle. Certains réfugiés ont reçu de l'argent pour la première et la dernière fois.

Comme prévu, Maly se rend chez le pasteur pour aller au consulat de France. Un quart d'heure après, les deux arrivent à destination. Ils rentrent dans un vaste bureau. Le pasteur expose la situation :

- Pourriez vous faire quelque chose pour cette famille khmère qui va être accueillie par un couple américain ?

- Désolé, nous ne pouvons prendre en charge que ceux qui iront en France. Il n'y pas d'ambassade américaine à Saigon.

La discussion étant terminée, le pasteur ne tarde pas à se retirer.

Il explique à Maly :

- Il faudrait quelqu'un qui puisse vous faire partir pour la France. Ensuite vous iriez aux Etats-Unis.

- J'espère que le père de Leffe pourra le trouver.

Chapitre 8

Histoire d'une bague

La vie n'est pas toujours monotone. Dans le malheur, la chance peut surgir. A présent, les Chhuor font partie des gens privilégiés qui attendent la porte de sortie. Les trois sœurs prennent la direction du centre Alexandre de Rhodes pour apporter la nouvelle au père B.

- Mon père, raconte Maly, le pasteur m'a emmenée au consulat. Mais on ne s'occupe que des gens qui partent pour la France. Comment pourrions- nous partir aux Etats-Unis ?

- Je vais écrire au père de Leffe. Mais en France, on ne porte pas les vêtements comme ici. Il y fait froid. Pour les chaussures c'est pareil. Qui achètera ces vêtements pour vous ?

Le père B est pessimiste. Mais c'est lui qui avait l'idée d'écrire au père Jacques de Leffe pour aider les Chhuor à partir pour le pays d'accueil. Tous les amis sont complémentaires. Chacun apporte un soutien. Sans amis, pas de porte de sortie.

*

Responsables du sort de la famille, les trois sœurs essayent de chercher la solution.

- Dans quelques jours, nous n'aurons plus d'argent. Le père V a promis de nous redonner de l'argent. Mais ce n'est pas facile d'aborder ce sujet, ni avec lui, ni avec le pasteur.

- Il nous reste encore des objets. Il faut les vendre, conseille la mère.

Les enfants continuent à réfléchir :

- Un jour, nous n'aurons plus rien à vendre. Que deviendrons-nous ?

- A ce moment là, il y aura d'autres évènements. L'unique solution : vivre étape par étape.

- Nous irons voir Mademoiselle K pour lui demander de nous aider à vendre notre bague de diamant. Elle pourra la vendre au prix du marché.

Un quart d'heure après les trois jeunes filles arrivent chez l'amie française. Comme toujours, cette dernière les accueille avec gentillesse tout en étant réservée.

Maly explique la situation :
- Nous avons besoin d'argent. Vous qui connaissez beaucoup de monde, pourriez-vous nous aider à vendre cette bague ?

Mademoiselle K examine le bijou.
- Je vais la faire estimer. Venez me voir la semaine prochaine. Dans cette attente, je vous dépanne.

Elle sort un billet. Les trois sœurs quittent cette bonne amie avec un sentiment de reconnaissance.

Avec la somme offerte par Mademoiselle K la vie continue sans trop de difficulté. Les Chhuor dépensent peu pour survivre. Il y a du changement dans la famille Chhuor. Ils ne chôment plus. Madame N, l'épouse du pasteur a ouvert un atelier de broderie pour les réfugiées cambodgiennes. Cet atelier permet d'aider ces apatrides à récolter un peu d'argent. Mais, c'est aussi un lieu de rencontre. Maly y va travailler tous les après midi. Rundy et Chak Riya donnent quelques cours d'alphabétisation aux enfants. Quant à Sethy, il est engagé pour la vente de la glace. Cette vente lui permet de toucher une commission.

A l'atelier de broderie, Maly rencontre de nombreuses femmes. En particulier son amie Kun et la belle sœur de son amie Sour. Cette dernière soupire :
« Maly, je ne vous ai pas reconnue. Mais c'est votre voix qui a attiré mon attention. Comment la tragédie a-t-elle pu changer ainsi les êtres humains ? »

Dans un roman d'art martial chinois, un homme se déguisait pour tromper ses ennemis. Mais il était trahi par sa voix. L'auteur avait souligné que notre voix ne change pas. Il n'avait pas tout à fait raison. Selon les études scientifiques, celle-ci est modifiée avec l'âge. Elle devient plus rauque. La belle sœur de

Sour a voulu insinuer que l'aspect physique de Maly n'est plus le même. Elle qui était très mince, à présent devient un peu forte à cause du stress et des aliments non équilibrés. Rundy l'est également. Sauf Chak Riya qui garde sa minceur. De ce fait, certaines Vietnamiennes appelle Maly *Cô mab (*grosse demoiselle). Il ne faut pas être susceptible. Certaines personnes de ce pays sont directes. Elles disent ce qu'elles voient. En la situation actuelle ce n'est pas le moment de penser au problème superficiel.

Maly, Rundy, Chak Riya et Sethy ont leur emploi du temps bien rempli. Il faut en plus suivre des cours d'anglais pour faux débutants. Le père L se charge des frais d'études. C'est lui qui a cherché un professeur d'anglais, une Vietnamienne occidentalisée d'âge moyen. Son prénom : Jeanne. Elle est affable. Mais distraite.

*

Les Cambodgiens gardent l'espoir de partir pour un pays d'accueil. Toutefois ils ont peur d'être expulsés et renvoyés au Cambodge. L'idée de se rendre dans une zone économique nouvelle est effrayante. Ils vivent dans la précarité et la peur. Certains Vietnamiens, surtout quelques femmes rentrent à la pagode ou par curiosité ou pour chercher une solution afin de sortir de leur pays. Une Vietnamienne s'approche des trois sœurs pour nouer une amitié. Son prénom : Heung. C'est une jeune femme assez belle, sympathique et distinguée. Son mari a disparu sans laisser de nouvelles. Malgré ses soucis, elle est souriante. Peu de temps après, une autre Vietnamienne, d'origine chinoise, demeurant dans le quartier chinois Cholon, se présente. Prénommée My Hoing, elle est d'une grande beauté. Les traits de son visage sont délicats. Elle est gentille et a de la classe. Accablée par le chagrin, elle ne sourit pas. Son mari, haut placé dans l'ancien régime, se trouve au camp de concentration. Les deux jeunes femmes ne demandent rien aux trois sœurs. Simplement elles veulent sympathiser.

Une semaine s'est écoulée. Comme convenu, les trois sœurs décident d'aller revoir Mademoiselle K. Cette dernière demeure toujours aimable. Puis, elle annonce : « J'ai fait estimer votre bague. Le diamant est de qualité. Sa couleur bleuâtre est recherchée. Il ne faut donc pas vendre ce bijou à n'importe quel prix. »

Ayant besoin d'argent, les trois sœurs sont déçues. Comprenant leur souci, la brave dame les rassure : « En attendant, je vous dépanne. Vous viendrez la semaine prochaine. »

*

La nuit est profonde. Il est 22 heures. La pure lumière de la lune apaise un peu notre esprit troublé. Les étoiles scintillent. Jadis, les trois sœurs aimaient admirer la splendeur de la lune. Mais la tragédie change notre vision. Le vent murmure. Des feuilles de l'arbre Bodhi créent un concert mélodieux. A cette heure tardive, les réfugiés s'abritent dans leur salle.

Attirées par le chant et la musique provenant de la véranda du temple, Maly, Rundy et Chak Riya sortent de la pièce. Elles se promènent dans la cour pour respirer l'air frais. Soudain, une jeune femme apparaît. D'après certains, celle-ci serait une ancienne prostituée. Où est la vérité ? Cette femme se dirige vers les trois sœurs. Elle prend la main de ces dernières en les mettant dans les siennes. Avec affection, elle annonce :

- Les jeunes gens ont arrêté leur musique. Mais en vous voyant, ils ont changé d'avis en disant : « On va chanter et jouer pour les trois sœurs. Elles ont certainement la nostalgie du Cambodge. »

- Ils sont gentils, répondent les trois sœurs.

- Petites sœurs, continue la jeune femme, auparavant, le monde nous a séparées. Grâce aux Khmers rouges, à présent, j'ai pu prendre vos mains.

La femme s'en va pour rejoindre le groupe des jeunes gens. Maly, Rundy et Chak Riya discutent :
- La tragédie nous apprend beaucoup de choses : découvrir la face cachée du monde. Cette femme a du cœur : elle aime au lieu de haïr. Ce n'est pas comme certaines personnes qui prétendent être bien, mais leur fond ne l'est pas.
- Ce qui me choque, elle nous a dit que c'est grâce au bouleversement du pays qu'elle a pu être avec nous.
- Mais les gens cherchent les prétextes pour se consoler afin de ne pas noircir le tableau de leur vie.

On n'entendra plus ni musique, ni chant. La condition de vie ne le permettra plus. Jouer de la musique, chanter ne sont pas toujours synonyme de la joie. A travers cette musique et ces chansons, on entendait la douleur. Nous avons plusieurs manières d'évacuer nos peines : écrire, pleurer, parler, chanter. Les jeunes gens avaient joué et chanté pour oublier un instant leur vie sans point de repère.

*

Le soleil, la lune, luisent pour les riches et les pauvres. Mais l'argent n'est pas à la portée de tout le monde. Parfois nous le méprisons. Mais sans celui-ci, nous devenons dépendants de tout ; ainsi que pensait Chateaubriand.
Les Khmers rouges ont supprimé les monnaies et les ont remplacées par le troc. C'est quelque chose d'impensable au 20ème siècle. Le Vietnam est aussi un pays communiste. Mais il conserve les monnaies. Dans ce pays, on peut vendre des vêtements et divers objets. Dans la détresse, Maly découvre les qualités cachées de chaque membre de sa famille. Le courage de sa mère est incroyable. Rundy est douée en matière de négociation. Rundy et Chak Rya ont l'art de communiquer. Quant à Sethy, il est pugnace. Il devient vendeur, parfois coursier. Au moment où Maly était étudiante à la faculté de pédagogie, il y avait une Française qui donnait des cours de psychopédagogie. Selon son explication, l'adolescence est un âge difficile : ingrat et rebelle. Tout cela est vrai. Mais on ne

peut pas généraliser. Sethy est un adolescent. Etant le seul homme de la famille, il se bat avec acharnement pour apporter un peu d'argent afin de maintenir la vie des siens. Même au temps où tout était normal, avant le cataclysme, dans la famille Chhuor et dans certaines familles au Cambodge, les adolescents n'avaient pas le droit d'ennuyer leur famille à cause de la crise d'adolescence. Cette crise, il fallait la garder pour soi. Elever la voix, être insolent, désobéir aux parents étaient interdits. Même les aînés avaient un certain pouvoir. Au Cambodge, en général, la population est composée de familles nombreuses. Si les parents s'étaient laissés dominer par les enfants sous prétexte que ces derniers avaient droit à la crise, ils auraient eu une vie d'enfer. Dans beaucoup de familles au Cambodge, les petits enfants étaient élevés avec amour et souplesse. La nuit, ils dormaient toujours à côté de leur mère. Dès qu'elle les entendait pleurer, elle se précipitait pour aller les voir. Mais lorsque les enfants grandissaient, ils devaient obéir à l'autorité parentale.

Au collège de jeunes filles, un professeur de littérature avait raconté une histoire véridique, un cas exceptionnel. Un couple richissime n'avait qu'un seul enfant : un fils unique. Toutes les volontés de ce dernier étaient exaucées. Le mot *non* n'existait pas pour lui. Devenant jeune homme il réclama une vespa. Cette fois ses parents se sentirent obligés de refuser. Ils avaient peur que leur fils unique soit victime d'un accident. L'enfant gâté se suicida à cause du mot *non*. Les parents étaient accablés par le chagrin. Ils décidèrent d'offrir une moto à leur fils. Mais elle était en papier, destinée à brûler lors des funérailles pour l'offrir au trépassé selon la coutume chinoise. Le professeur en tira deux conclusions. Ce jeune homme est mort à cause de deux motifs : l'argent et le refus.

*

Le temps s'écoule. Le mois d'avril fait son entrée. C'est l'anniversaire du début de l'enfer : la prise de pouvoir par les Khmers rouges. Le cœur des Chhuor, ainsi que ceux de tous les Cambodgiens, se déchire. Le mois d'avril c'est le mois le plus chaud au Cambodge. Le souvenir des déplacements à pied sous les rayons torrides du soleil demeure vif chez les Chhuor. L'image exténuée de Monsieur Chhuor reste gravée dans la mémoire de sa femme, de ses enfants. Malgré cela, son courage était inimaginable. La tragédie révéla l'héroïsme de ce père dont la sagesse était exemplaire.

*

Pour vivre en communauté, une bonne relation avec autrui est indispensable. On demandait parfois aux sœurs Chhuor d'aider à rédiger des lettres. Une femme quinquagénaire apportait toujours les mêmes lettres à Maly pour lecture, trois ou quatre fois. Il y a de quoi s'en lasser. Mais s'énerver pour cela ne sert à rien. Il importe de rendre service avec bonne humeur. Monsieur Chhuor n'avait jamais refusé d'aider des gens, notamment pour rédiger des lettres administratives. Comme son mari, Madame Chhuor a toujours l'esprit fraternel. L'individualisme n'existait pas au Cambodge.

*

Les trois sœurs se rendent chez Monsieur S. D'ordinaire il était chaleureux. Mais aujourd'hui il a l'air bizarre. Il annonce :
- Savez-vous que Mademoiselle K est décédée ?
- Ce n'est pas vrai, s'exclament les Chhuor.
- Si, c'est vrai.
Troublées, Maly, Rundy et Chak Riya quittent Monsieur S. Un instant après. Elles se posent des questions :
- Pourquoi cette mort alors qu'elle avait tout pour être heureuse : situation sociale, diplômes et biens.
- Elle devait vivre pour elle et pour aider les autres. La vie finit par la mort, certes. Mais cette mort précoce est injuste.
- Nous ne pouvons pas rentrer à la pagode dans cet état, il faut aller voir Monsieur et Madame A.
Une demi-heure après, elles arrivent chez eux. Madame A pose la question :
- Savez-vous que Mademoiselle K est décédée ?

- Oui, c'est Monsieur S qui nous a mises au courant. Cela nous cause beaucoup de peine.
- Elle avait pensé à vous, ajoute Madame A. Elle nous avait appris : « Voyez-vous, les trois sœurs sont obligées de vendre leur belle bague pour survivre. Cela me fait mal au cœur. » Et elle nous avait montré le bijou. Est-ce que votre bague est vendue ?
- Non.

Les trois sœurs quittent le couple. Leur cœur est ravagé par un immense chagrin. L'image de Mademoiselle K en robe mauve demeure toujours présente. Sur le chemin de retour, les trois sœurs rencontrent la mère de Tung. En voyant les trois jeunes filles, cette mère vietnamienne sanglote. Stupéfaites, les trois réfugiées la considèrent avec compassion. Puis la dame explique : « Mon fils va être envoyé au Cambodge pour faire la guerre. Il était étudiant. »

C'est un choc pour Maly, Rundy et Chak Riya. Elles ne trouvent aucun mot pour consoler la dame. Ce problème les concerne aussi. Pas seulement la famille de Tung. Les trois sœurs ont beaucoup de peine. Mais elles sont incapables de pleurer. Depuis un an, elles ne sont plus à même de verser quelques gouttes de larmes. Ne plus pouvoir pleurer est pire. La douleur reste enfermée dans votre cœur. Deux pays vont faire la guerre. Mais les femmes de ces deux pays ennemis s'unissent dans un chagrin commun. Beaucoup de Cambodgiens savent que le Cambodge et le Vietnam vont se battre. Mais ils n'ont aucune opinion à ce sujet. Personne ne commente l'événement. On ne pense qu'à son sort, à son avenir incertain. La précarité fait perdre la faculté de raisonner. On vit comme un automate. Comment pouvez-vous être patriote alors que votre vie est comparable à une goutte d'eau sur la feuille d'un lotus ?

Le soleil est toujours radieux. Mais les Chhuor sont soucieux. Les membres de la famille au Cambodge vont subir l'effet de la guerre. La disparition de Mademoiselle K est dramatique. Il est inimaginable qu'elle ne soit plus là, elle qui était si généreuse. Tout est dans l'incertitude. Nous ne pouvons pas savoir ce qui se passera demain, dans une heure, voire une minute. Cependant la vie continue. On n'a pas le droit de baisser les bras sous n'importe quel prétexte. Maly se rend au travail à l'atelier de broderie de Madame N. Rundy, Chak Riya et Sethy s'occupent des autres tâches.

*

L'atelier de Madame N doit être fermé. L'épouse du pasteur n'explique pas la cause de cette fermeture. Les réfugiées se taisent : elles sont habituées à la loi du silence. L'unique solution : accepter cette désagréable surprise. Cet atelier apportait aux réfugiées un peu d'argent. Mais c'était également un lieu de rencontre. Cette mauvaise nouvelle provoque un choc. Mais ce n'est pas bien grave. Ces femmes sont immunisées par la gravité de la vie, la course entre la vie et la mort.

Rentrant à la pagode, Maly raconte à sa famille.

- L'atelier de Madame N est fermé.
- Une mauvaise surprise, dit Chak Riya.
- J'espère qu'il n'y aura plus d'autre évènement fâcheux, ajoute Rundy.

Sethy interrompt la conversation :

- J'entends du vacarme. Les enfants s'entassent. Que se passe-t-il donc ?

Les Chhuor sortent de la salle. Ils voient un occidental dans la pagode. C'est un extraterrestre pour les enfants. Ces derniers n'ont jamais vu un homme aussi étrange, teinte blanche, des yeux bleus comme le ciel. Il dépasse largement la taille moyenne des Asiatiques. Calme et songeur, il porte une moustache et une barbe. Les enfants l'observent avec la plus grande attention, des pieds à la tête.

En voyant les trois sœurs, cet homme est soulagé. Il leur interroge :

- Etes-vous les demoiselles Chhuor ?
- Oui !

Quelle surprise ! Elles se demandent : « Qui est donc cet homme ? »

- Je m'appelle F, ami de Mademoiselle K. Je recherche tous ses amis cambodgiens. Voici mon adresse. Je vous attendrai demain.

Après avoir dévisagé cet étranger, les enfants tournent leurs yeux vers les trois sœurs. Dans leur regard on voit admiration, étonnement. On lit dans leur pensée des réflexions : *elles, aussi, sont étranges, les trois sœurs. Pouvoir communiquer avec quelqu'un de bizarre est extraordinaire.*

Monsieur F s'en va. Les trois sœurs s'interrogent :
- Pour quelle raison vient-il nous chercher ?
- Pour l'histoire de notre bague ?

*

Le soleil se lève. C'est une journée particulière pour les Chhuor. Un inconnu va entrer dans la liste du réseau de relations. Au début, ils étaient seuls sur cette terre étrangère. Le temps a arrangé les choses. A partir de zéro, on crée un nombre. C'est le mystère de la vie. Les trois jeunes filles Chhuor se dirigent chez Monsieur F. Il était le voisin de Mademoiselle K. Il déclare :
- Je suis comme Mademoiselle K. L'ordre n'est pas ma préoccupation.

Les trois sœurs sont indifférentes au détail de la vie. Elles ne passent pas leur temps à examiner l'ordre ou le désordre chez les gens. Leur problème primordial : la survie. Mais ressembler à Mademoiselle K est une bonne référence. Elle était instruite, cultivée et intelligente, sans compter sa générosité. Les trois réfugiées changent de sujet.
- Pour quelle raison nous avez-vous fait venir ici ?
- Nous, professeurs au collège, amis de Mademoiselle K, nous devons continuer sa mission : aider ses amis cambodgiens. Nous vous fournirons les secours financiers et matériels. N'habitez plus à la pagode, cet endroit n'est pas une sécurité pour vous. Cherchez une location, nous prendrons en charge le loyer.

Maly intervient :

- Nous vous remercions. Nous préférons vivre dans notre communauté. En plus, nous ne parlons pas vietnamien.

- A partir d'aujourd'hui, si vous avez besoin d'argent ou de quelque chose n'hésitez pas à me le dire. Nous nous occuperons aussi des démarches afin de vous faire partir pour la France.

- Nous vous remercions infiniment. Etes-vous au courant au sujet de notre bague ?

- Mademoiselle K me l'a montrée. Mais je ne l'ai pas vue le jour de son décès.

Les trois sœurs quittent cet homme respectable et respectueux. Elles discutent :

- Sa façon de parler est pleine de délicatesse pour ne pas nous mettre mal à l'aise.

- Il est probablement un homme de lettres. Dans ce domaine, on respecte les règles grammaticales, le langage châtié.

Maly explique à ses sœurs :

- Ce n'est pas parce que ces amis s'engagent à payer les loyers qu'il faut suivre leurs conseils. Il n'y aucune raison de quitter la pagode.

- De plus, ajoute Rundy, il a beau dire qu'il faut lui demander de l'argent. Mais ce n'est pas facile pour nous.

- La vie est quand même étrange, continue Chak Riya, au moment de problèmes, les secours arrivent.

Les Chhuor sont soulagés. Mais vivre au dépend d'autrui n'est pas facile. Cependant, la pauvreté n'est ni une honte, ni un déshonneur. Tout le monde veut être riche, sauf Bouddha. Il quitta un palais, une fortune colossale pour mener une vie de pauvreté. Au Cambodge, il y avait la période de l'année où les bonzes devaient sortir pour la quête de riz et de la nourriture. Les bouddhistes offraient des mets, des dons aux bonzes en se prosternant. Avant la domination des Khmers rouges, la majorité des Cambodgiens était bouddhiste. Le peuple organisait tout le temps des fêtes religieuses pour ramasser de l'argent afin de soutenir la religion, construire écoles, temples, hôpitaux. Les bonzes n'avaient donc pas de souci financier. Intermédiaires entre ciel et terre, ils devaient transmettre l'enseignement de Bouddha.

A Phnom-Penh, certains étudiants dont les parents se trouvaient en province étaient hébergés gratuitement dans la pagode.

*

Le temps change des choses. Maly et Rundy perdent leur rondeur. Elles reprennent leur allure normale. Certaines personnes qui les ont vues au moment où elles étaient un peu fortes ne les reconnaissent plus. Celles-ci ouvrent les yeux bien grand pour vérifier.

Les trois sœurs arrivent chez Monsieur A et sa femme cambodgienne. Maly explique à celle-ci :

- Sœur aînée, une amie du Cambodge ne m'a pas reconnue. Elle m'a dit que la tragédie m'a transformée en une autre personne.

Madame A ouvre les yeux d'étonnement. Elle demande :

- Je vous trouve toutes les trois si belles. Mais comment étiez-vous au Cambodge ?

Rien n'est permanent. On passe sa vie à subir les changements physiques selon les circonstances.

Chak Riya révèle à ses sœurs.

- J'ai entendu une réflexion à la pagode. Une jeune femme a dit aux autres : « Pourquoi ces trois sœurs sont-elles remarquées ? A mon avis, elles ne sont pas extraordinaires. Je ne les trouve pas belles. »

- Nulle part, nous ne sommes tranquilles. Etre repéré suscite des controverses.

Nous n'avons pas choisi notre vie. Il importe d'accepter notre destinée.

*

Les Chhuor n'ont plus de soucis sur le plan financier. Pour combien de temps ? Il est inutile de se tracasser. De plus, Monsieur F parle toujours avec tact. On s'occupe de vous et on vous respecte. Mais les trois jeunes filles ne comprennent pas pourquoi ces amis français sont-ils obligés de prendre en charge le destin des amis cambodgiens de Mademoiselle K. C'est une question délicate que l'on ne se permet pas de poser. Il s'impose de vivre dans le mystère.

Vivre au dépend d'autrui n'est pas une tranquillité. Mais souvent vous n'avez pas le choix. Madame Chhuor conseillait tout le temps à ses filles : *vous devez vous efforcer de faire des études afin d'avoir une situation sociale. Vous ne devrez pas être dépendantes de quelqu'un.* A présent, les Chhuor vivent grâce de l'aide d'autrui. De surcroît des étrangers qui n'ont aucun lien.

Sethy suggère :

- A la pagode, bien de gens commencent à faire le commerce de gâteaux aux noix de coco. J'ai envie de tenter cette affaire.

- C'est une bonne idée, encourage Madame Chhuor.

- Moi, dit Rundy, je prendrai en charge l'achat des matières premières et la préparation.

- Quant à moi, ajoute Chak Riya, je chercherai de l'eau et aiderai à préparer.

- Nous commencerons demain, conclut Maly.

La décision étant prise, Sethy demande à un garçon de l'aider à transporter des bagages, mais aussi à le seconder pour la fabrication des gâteaux sur place. Ce dernier est rémunéré en fonction de la rentrée d'argent. Cette affaire marche bien. Le soir, les deux garçons emmènent des seaux remplis d'argent. Avec la rentrée pécuniaire, la vie paraît plus calme, malgré le chagrin. On se permet d'améliorer légèrement le niveau de vie en achetant des choses indispensables. Tout le temps, partout, l'argent a un pouvoir comme un petit dieu. On ne peut jamais dire : je déteste l'argent.

Une chose inquiétante, les Chhuor portent l'image des riches, malgré leur façon de s'habiller avec simplicité. D'après certains, il ne s'agit que de trompe l'œil, un déguisement. Un réfugié demande à Madame Chhuor.

- Tante, quand ouvrez-vous un autre coffre de bijoux ?

- Quel coffre ? Vous plaisantez, répond Madame Chhuor.

Cette allure de riche n'est guère un avantage. On peut se faire attaquer rien que pour ça.

*

Vanna, une jeune femme de 35 ans vient voir Madame Chhuor. Elle suggère :
- Tante, je vous invite à venir habiter avec nous. La famille qui était dans notre pièce vient de partir.
- Merci, nous allons habiter avec vous.
La pagode n'appartient à personne. Tous les espaces libres doivent être remplis. Vanna préfère la famille Chhuor pour la cohabitation. Son mari habite hors de la pagode pour des motifs inconnus. Elle a trois enfants, deux filles et un fils. L'aînée est âgée de dix ans. Le fils huit ans. La dernière six ans. Ces trois enfants sont sages, bien élevés. Vanna est discrète, gentille et polie. Les deux familles s'entendent bien. Ceci est un avantage pour l'une comme pour l'autre. Auparavant, les Chhuor vivaient sans problème avec les autres. Mais c'est mieux d'être avec Vanna.

*

Le décès de Mademoiselle K demeure un mystère. Personne ne connaît la vérité. Le consulat de France fait appel aux bonzes et aux Cambodgiens pour organiser ses funérailles selon la tradition khmère bouddhiste. Certains racontent que de son vivant, elle était souvent à la pagode Chantaraingsey. Les jeunes Cambodgiens qui étaient amis de la défunte sont contactés par des amis français en vue de la préparation des cérémonies.
Au Cambodge, voire en Asie, pour les funérailles, les familles proches doivent se vêtir entièrement de blanc. Pour les Cambodgiens, les proches devaient se raser la tête : signe de détachement du matériel. Mais ce n'est pas obligatoire. Les personnes qui ne sont pas de la famille portent du blanc en haut et noir en bas.

Les trois sœurs Chhuor sont soucieuses. Elles n'ont pas de vêtements cambodgiens convenables destinés pour les obsèques. Au moment de la terreur, lors de l'évacuation de la capitale par les Khmers rouges, on avait fait des valises à la hâte. Elles n'ont pu emmener que des vêtements cambodgiens destinés pour des fêtes, ainsi que quelques vêtements occidentaux (pantalons, tuniques, chemisiers). A Saigon, elles s'habillent à l'occidental. Les femmes vietnamiennes portent le pantalon. Il importe de faire comme elles. Ainsi les gens ne peuvent pas savoir si les femmes Chhuor sont Cambodgiennes ou Vietnamiennes. Les Asiatiques se ressemblent. Cependant pour les obsèques, il faut s'habiller à la cambodgienne. De plus, on demande aux trois sœurs et aux deux jeunes gens de présider le cortège. Normalement cela est réservé pour la famille proche. Les trois jeunes filles sont mal à l'aise dans un corsage blanc brodé et une jupe en soie de couleur sombre. Mais ne connaissant pas la tradition khmère, les occidentaux ne font pas attention à ce détail. Les autres personnes se déplacent à pied, derrière le corbillard. Dans le cortège, on voit beaucoup d'occidentaux et d'asiatiques (Vietnamiens, Cambodgiens.) On sillonne la capitale pour se diriger vers la pagode khmère. Les bonzes récitent le dharma (l'enseignement de Bouddha) pour transmettre les mérites à la défunte. Normalement au Cambodge, les obsèques se passaient à la maison. Les membres de la famille étaient entourés d'amis et des habitants du village. Les bonzes se rendaient au domicile pour la célébration.

Les Cambodgiens de la pagode se mobilisent pour ces funérailles. Après la bénédiction des bonzes, on se dirige vers le crématorium. L'incinération terminée, on emmène l'urne à la pagode. Cette urne, accompagnée d'une photo de la défunte sera déposée dans la salle où séjourne le bonze, vénérable grand-père sévère. Le consulat offre une enveloppe à ce bonze. Le lendemain, les réfugiés de la pagode organiseront la cérémonie religieuse bouddhique selon la tradition : on offrira aux bonzes nourriture et matériels nécessaires. Cela, c'est pour transmettre le mérite à la défunte. Les bonzes réciteront la prière, donneront l'enseignement de Bouddha. Un maître spirituel guidera la cérémonie. Les laïcs aussi réciteront le *dharma*.

*

Lors de l'incinération, Monsieur C, un Français, chef d'entreprise, resta longtemps avec les jeunes Cambodgiens. C'est un quinquagénaire sympathique et simple. Il s'adressa aux trois sœurs Chhuor :
- Je suis content de vous rencontrer. Venez me voir quand vous voudrez. Voici mon adresse.
- Merci, nous irons vous voir.

Il est intéressant d'élargir le réseau de relation. Des occidentaux sont composés de diverses origines. Mais les trois sœurs ne voient pas la différence. Lun, un jeune Cambodgien ami de Mademoiselle K, révèle aux trois sœurs l'origine de certaines personnes. Connaître cette origine n'apporte rien de plus. Nous sommes tous frères et sœurs de la planète. La tragédie ouvre sur le monde, sur la diversité de cette terre. On peut rencontrer partout des amis. Mais aussi des ennemis.

Les trois sœurs arrivent chez Monsieur C. La salle de séjour est remplie de beaux meubles anciens et d'objets de décoration. Il a une fille de vingt ans, une eurasienne, prénommée Julie. A la fin de la conversation, il dit :
- Allez voir une amie française de ma part. Son mari est Vietnamien. Mais le premier était Cambodgien. Elle a une fille franco-vietnamienne.
- Merci de votre accueil. Nous irons voir votre amie.
- Merci de votre visite. Revenez si vous avez besoin de quelque chose.

*

Quelques jours après, les trois sœurs ont reçu une invitation du conseiller culturel. Elles sont accueillies par celui-ci et son épouse à leur domicile. Ce diplomate remercie les trois sœurs d'avoir participé activement aux obsèques de Mademoiselle K. Il leur dit de ne pas hésiter à le contacter.

*

A la pagode il y a quatre représentants. L'un d'entre eux propose aux trois sœurs d'aller le voir pour une discussion. Il est Sino-vietnamien. Les Cambodgiens de race pure ne peuvent pas passer facilement au Vietnam. D'abord leur teint foncé est révélateur de l'origine khmère. Ensuite, ne parlant pas le vietnamien lors de passages de test linguistique, ils n'avaient pas le droit de quitter le pays. Toutefois, on en trouvait quelques-uns qui réussissaient à s'évader.

En voyant le comportement de cet homme les trois sœurs redoutent cet entretien. Peu aimable, le visage de celui-ci est rouge comme une écrevisse cuite. Une déclaration de guerre est imminente. Ce quinquagénaire vocifère :
- Les trois sœurs, vous avez emmené de l'argent à la pagode lors des obsèques de la dame française. Vous avez commis une faute grave à l'égard de la loi du pays.

Chak Riya répond avec un ton sec :
- C'est le consulat de France qui a offert le don aux bonzes. Nous n'y sommes pour rien.

L'homme intensifie le ton de sa voix pour étaler son pouvoir. Son corps se vibre dans tous les sens.
- C'est vous, les trois sœurs !

Rundy prend le relais.
- Pourquoi n'avez-vous pas osé hurler auprès du consulat de France ?

L'homme rétorque avec férocité.
- C'est vous trois. Je vous dénoncerai auprès de l'autorité vietnamienne.

C'est le tour de Maly de calmer cet homme dangereux, voire l'immobiliser. De quel droit ose-t-il menacer de cette façon ?
- Dans ce cas, nous vous dénoncerons aussi. Mais auprès du consulat de France. Il vous interdira ainsi que toute votre famille de partir pour la France. On ne laisse pas entrer dans ce

pays le provocateur, le semeur de trouble. Le consulat de France nous connaît bien. Et non vous.

Le visage du représentant n'est plus rouge, mais blême. La colère est remplacée par la terreur. Muet, il est inerte comme un bloc de glace. Sa femme aussi devient pâle. Mais une femme a plus de sang froid. Avec modestie, elle dit :

- Ne tenez pas compte de ses paroles. Pardonnez-le ! Il est ivre.

- D'accord. S'il veut la paix, il l'aura. Et s'il veut la guerre, il l'aura aussi.

Les trois sœurs quittent le couple. Navrées, elles discutent :

- Il a voulu que l'argent lui soit donné et non aux bonzes. Maintenant il a peur. Son rêve se transforme en cauchemar.

- Cela lui sert de leçon de ne pas user son pouvoir d'homme et de représentant. Il faut qu'il respecte des femmes, malgré leur âge.

- Pourquoi nous-a-t-il visées comme cible d'attaque ?

- Il a pensé que c'est nous qui avons suggéré au consulat de France d'offrir le don aux bonzes. De plus, notre apparence paisible peut attirer l'amitié, mais aussi les ennuis. Au Cambodge, une voisine disait à notre mère : « Vos enfants sont gentils et doux. » Cela n'est pas toujours un avantage.

- Dans certains cas, se défendre ne suffit pas. La contre attaque est indispensable. Sans le menacer, nous risquerions d'aller en prison à cause de lui.

Madame Chhuor conseillait toujours à ses enfants d'être polis, fraternels. Mais elle ajoutait qu'il ne faut jamais se laisser écraser. A présent il faut lui cacher cette altercation. Elle a déjà trop souffert. Les jeunes filles Chhuor sont assez grandes pour se défendre. Elles rentrent dans la pièce en se comportant comme si rien ne s'était produit.

*

Les trois sœurs passent de temps en temps chez Monsieur F. Il annonce :

- Votre bague est retrouvée. Mademoiselle K l'avait confiée à un homme en vue de chercher des acheteurs. Demain celui-ci viendra vers 14 heures. Vous viendrez donc à cette heure pour récupérer votre bijou.

- Pourquoi cet homme est-il apparu après les obsèques ?

- Par ce qu'il ne savait pas qu'elle était décédée.

Comme convenu, les trois sœurs se rendent chez Monsieur F à 14 heures, un Asiatique d'une trentaine d'années arrive. Monsieur F le rejoint. Puis il apporte la bague et la donne aux trois sœurs. Elles se retirent. En chemin elles se concertent :

- Je pense que cet inconnu est un voleur. Mademoiselle n'avait pas confié ce bijou à cet homme.

- C'est l'esprit de Mademoiselle K qui a incité celui-ci à venir nous rendre notre bijou.

- La vie après la mort existe.

Les trois sœurs arrivent à la pagode. Elles annoncent à leur mère :

- La bague est retrouvée.

- Certains objets ne veulent pas quitter leur propriétaire, explique Madame Chhuor.

Les Chhuor n'avaient aucun espoir de retrouver la bague. Ils n'y pensaient même pas. Maintenant le bijou est apparu. C'est une incroyable histoire.

Chapitre 9

Départ des amis

Les trois sœurs ne sortent plus ensemble. La préparation pour la fabrication des gâteaux exige beaucoup de temps. Tous les soirs, elles réfléchissent sur leur emploi du temps, la distribution des tâches. Le lendemain, chacune prend sa route. Maintenir la relation d'amitié est indispensable. Surtout quand vous vous trouvez dans une situation de réfugiés, d'apatrides. La vie vous apprend que la solitude est la fin de tout. Maly se rend au centre Alexandre de Rhode. Depuis un certain temps, les Chhuor n'ont pas vu le père B. En outre, les trois jeunes filles sont préoccupées par une rumeur.

Le prêtre tend un papier à Maly.
- Une lettre de la famille américaine.
- Je vous remercie infiniment.

Cette fois, on voit figurer les noms de la famille Chhuor dans le texte.

Charles et moi faisons appel à une famille cambodgienne de six personnes dont les noms sont les suivants...

Mais partir aux Etats-Unis n'est pas un simple sujet. Le père B précise :
- J'ai déjà écrit au père de Leffe.

Maly informe le père B :
- Les funérailles de Mademoiselle K se sont déroulées selon la tradition bouddhiste cambodgienne.
- Mademoiselle K n'était pas baptisée, répond ce prêtre.

Maly ne comprend pas dans quel sens il a voulu l'évoquer. Enfant, sa mère lui disait tout le temps : « Tu dois te taire au lieu de dire des idioties. » Nous sommes souvent imprégnés par les éducations de nos parents. Il n'est donc pas raisonnable de poser la question au prêtre.

Au Cambodge, avant la tragédie, on devenait bouddhiste sans aucune démarche, sans cérémonie. Presque tous les Cambodgiens étaient nés bouddhistes comme leurs parents. On se disait : *je suis bouddhiste*, c'est tout. Pour le mariage également, n'importe qui pouvait inviter les bonzes à venir célébrer. On n'avait pas besoin de préciser que l'on est bouddhiste. Ces bonzes ne posaient aucune question. Mademoiselle K était peut-être bouddhiste. Même si elle ne l'était pas, cela n'avait pas d'importance. Aucun justificatif n'a été demandé. Sous le régime des Khmers rouges les gens étaient obligés de détruire leurs papiers ou ils n'avaient pas pu les emmener ou ces papiers étaient confisqués. Heureusement, le bouddhisme au Cambodge n'exige ni papier, ni preuve. On devient bouddhiste dans le cœur.

Maly change de sujet :
- Mon père, nous avons retrouvé notre bague. Un homme est venu nous la rendre.
Impassible, le père B ne fait aucun commentaire à ce sujet. Puis il dit :
- Apporte-moi la bague. Je t'aiderai à la vendre.
- Oui, mon père, demain je vous l'amènerai.
Tout était dit, sauf la rumeur. Il faut en parler.
- J'ai entendu dire que tous les religieux étrangers devront quitter bientôt le Vietnam.
- Vous oui, mais, nous, non, répond le prêtre.
Cette question n'a pas l'air de lui plaire. Elle a regretté. Mais c'est trop tard. Sa mère avait raison de dire qu'il faut se taire au lieu de dire des bêtises. Cela remonte à son enfance : elle rapportait à sa mère un propos qu'elle avait lancé à un boucher. Celui-ci lui avait posé deux, trois fois la même question. Elle lui avait dit : « *Vous m'énervez !* » Elle attendait le compliment de sa mère à ce sujet, par contre, elle fut récompensée par des reproches : « Tu es impolie. Tu as manqué de respect envers les grandes personnes. Désormais tu devras faire attention avant de dire quelque chose. »

Malgré l'insouciance du père B, Maly et ses sœurs sont inquiètes. Les religieux chrétiens comptent beaucoup pour elles. Surtout le père B. Les autres apportent d'autre soutien. Sans eux que deviendraient les réfugiés ? Les trois sœurs décident d'aller voir Monsieur F pour en parler. Mais c'est lui qui dit en premier : « La réserve d'argent pour vous et les autres Cambodgiens est épuisée. »

Ce propos n'est guère choquant. Les trois sœurs savent que tôt ou tard on leur annoncerait cette nouvelle. Tout début a une fin. Monsieur F ajoute :

- Je dois quitter le Vietnam pour la France. Mais ne vous inquiétez pas. Là-bas, je m'occuperai de vous pour des démarches pour chercher des répondants.

- Vous partirez ! s'exclament les Chhuor.

- Monsieur T prendra le relais. Il recevra tous les courriers qui vous concernent. Il n'y a pas que lui. Mais d'autres amis français s'occuperont de vous.

Les trois sœurs quittent Monsieur F. Elles réfléchissent. C'est la vie. On se croise et on se sépare. Elles se dirigent chez Monsieur et Madame A. Eux aussi, ils vont quitter le Vietnam. Tous les amis vont partir. Les Chhuor seront seuls. Mais avant de rencontrer ces amis, ils l'étaient. La vie n'est faite que de renouvellement. A quoi bon se tracasser ? Ce n'est pas l'apocalypse. Tant qu'il y a la vie, il faut espérer qu'il y aura quelque chose de positif. Se rendre malade avant l'arrivée des évènements fâcheux est une autodestruction.

Cette journée est remplie de nouvelles défavorables. Il importe de rentrer voir leur mère, Sethy et Sokunthea. Sethy, il représente l'unique force masculine. Sa responsabilité est grande et indiscutable. C'est un adolescent qui rapporte de l'argent à sa famille. Il faut donc l'encourager. Au Cambodge, en général, il y avait l'autorité parentale. A présent, Madame Chhuor n'est plus sévère. Elle laisse ses trois filles prendre en charge le destin de la famille. En ce moment de malheur, la solidarité est primordiale. Cette solidarité crée de l'énergie. Jamais de dispute. Personne n'exerce l'autorité sur l'autre. Les décisions se passent toujours par des discussions au sein de la famille. Il importe d'apprécier ces côtés positifs de la tragédie.

*

La rumeur correspond souvent à une cause. Il faut vérifier pour détenir la vérité. Le père B refusa de croire à l'évacuation de religieux. Il faut donc aller voir le pasteur N et son épouse pour éclaircir la situation. Chez eux, non plus. Il n'y a aucun changement. Le couple demeure toujours chaleureux. Madame N parle toujours avec sa voix de musique. Parfois elle chantonne. Certainement, la gloire de Dieu.

Considérant les Chhuor, elle s'exclame : « Monsieur F ! » Puis, ne pouvant plus se retenir, elle rit aux éclats. Ce n'est pas normal. D'habitude elle souriait. Mais rire à ce point, jamais. Les trois jeunes filles ne comprennent rien. Mais poser la question par curiosité relève de l'impolitesse. En quittant Madame N, elles s'interrogent :

- Pourquoi Madame N était-elle dans un tel état ?
- Quel rapport avec Monsieur F ? Pourtant il n'a pas l'air drôle.
- Il faut aller le voir.

C'est ainsi qu'elles se rendent chez Monsieur F. Celui-ci est en train de préparer des affaires pour le départ. Il réfléchit. Puis, avec un air gêné il dit :

- J'invite une de vous à partir avec moi. En France vous pourrez faire la démarche pour le groupement familial.

Elles répondent :

- Nous vous remercions de votre bonne intention. Mais nous décidons de ne pas nous séparer.
- Nous partirons ensemble ou pas du tout.

Il n'a pas insisté. Elles quittent celui-ci, puis discutent :

- C'est pour cette raison que Madame N a parlé de lui.
- Il est respectable, respectueux, brave. Mais on ne peut pas partir avec un homme pour faire la démarche. Ce n'est pas raisonnable.
- Il a le raisonnement logique et intelligent. Il a dit : le Cambodge n'est pas le seul responsable du génocide. Il y a

d'autres pays qui sont en cause. Mais comment va-t-on vivre avec lui. Il n'a jamais parlé de sa vie privée. Sauf de sa mère. Peut être, l'une de nous devrait vivre chez sa mère. Mais ce ne serait pas facile d'être avec une inconnue.

- De toute manière, nous avons décidé de partir ensemble. Il vaut mieux vivre dans la difficulté que de nous séparer.

Pour le remercier, Maly lui a offert un napperon en crochet qu'elle a confectionné. Il a dit : « Ce sera pour maman. » Il s'agissait d'un bien modeste cadeau. Mais c'était un signe de gratitude.

*

Juin 1976. La rumeur finit par devenir réalité. Les religieux chrétiens étrangers devront quitter le Vietnam dans un bref délai. Comme d'autres réfugiés, les Chhuor sont soucieux. Les feuilles finissent par quitter l'arbre. Rien ne dure. La fin d'un événement est l'aboutissement d'un autre. Il importe de tenir bon. Maly se rend au centre Alexandre de Rhodes afin de rencontrer le père B. Ce centre est rempli de monde. Elle vient ce jour sans savoir qu'il s'agit du dernier. L'ambiance est agitée pour ce moment d'adieu. Les gens viennent voir les prêtres pour la dernière fois. Le père B apporte une lettre du père Jacques de Leffe. Il la donne à Maly. Il dit : « Je dois partir. Je n'ai pas ta bague. Je l'ai confiée à une dame. »

Tout d'un coup le père B sursaute : « Enfin, la personne arrive. »

C'est une Vietnamienne d'une quarantaine d'année. Elle rend le bijou au prêtre. Il le passe à Maly. De nouveau, cette bague est sur le point de disparaître définitivement. Une étrange bague !

- Où pourrons-nous vous joindre, mon père ?
- Je n'en sais rien pour le moment.

Dans ces conditions, on ne peut souhaiter ni bon voyage, ni rien. Le prêtre est attaché au Vietnam, aux gens de ce pays. Il est abattu. Elle dit adieu au prêtre. Puis elle quitte cet endroit chargé de souvenirs. Lieu de rencontre pour la première fois avec un religieux chrétien. Cette fois c'est la dernière. Elle est triste. Plus triste que le prêtre. Lui, au moins, il appartient à un ordre religieux. Il n'aura pas à s'inquiéter. Il ne s'agit que d'un changement de lieu, d'habitude. Cela est secondaire. Quant à sa famille, le destin est dans l'incertitude.

*

Arrivée à la pagode, elle montre la lettre du père Jacques de Leffe à sa famille. Cette missive contient un message intéressant : « Quand vous serez en France, on s'occupera de vous. Vous serez logés et nourris. »
Les trois sœurs discutent :
- C'est une très bonne nouvelle. D'abord il faut pouvoir partir. Et nous n'avons pas de certificat d'hébergement.
- Nous serons logés et nourris. Mais où ? Qui s'occupera de nous ? Il n'y a ni nom, ni adresse.
- Pourquoi ce mystère ?
- Il faut nous dépêcher d'aller voir les pères V et L, puis Madame et Monsieur N avant qu'il ne soit pas trop tard.
Maly donne la bague à sa mère en lui expliquant l'histoire de celle-ci.
Madame Chhuor dit:
- C'est un objet qui ne veut pas quitter son propriétaire. Une bague mystérieuse.
Les trois sœurs se hâtent d'aller voir les autres religieux. Les pères V et L leur donnent l'adresse. C'est la mission étrangère à Paris. Elles ont aussi celle de Monsieur et Madame N.
Le pasteur organisera la dernière messe d'adieu pour le dimanche prochain.

*

Le jour de rassemblement arrive. Les trois sœurs se rendent à la paroisse. C'est la première fois qu'elles assistent à une messe. L'église est remplie d'Asiatiques. Il est difficile de distinguer les Cambodgiens et les Vietnamiens. Il paraît qu'il y a beaucoup de Cambodgiens dans la salle. C'est une très bonne idée de faire cette réunion d'adieu. Surtout pour les Cambodgiens apatrides. Un lien de sentiment s'est noué entre ceux-ci et des religieux chrétiens. La tragédie élargit notre vision. Nous ne sommes pas seuls à porter cette injustice. On nous tend la main pour alléger ce cruel fardeau. Il n'y a pas que la haine sur terre. Partout, on peut trouver de l'amour.

Le pasteur célèbre la messe en lisant un grand livre. A la fin de cette messe, un Cambodgien se lève pour parler. Un mot à peine sorti, il sanglote. Certains réfugiés sortent leur mouchoir, sauf les trois sœurs. Ce n'est pas parce qu'elles sont plus fortes que les autres, mais leurs glandes lacrymogènes ne fonctionnent plus. Les larmes ne sont pas des instruments pour mesurer la profondeur de notre souffrance. Il faut avoir vécu pour comprendre le secret de la vie. Tous les réfugiés du Cambodge n'avaient pas subi le même sort. Certains ne sont pas restés coincés longtemps avec les Khmers rouges. Ils n'avaient donc perdu aucun membre de leur proche et n'avaient pas connu vraiment l'enfer des Khmers rouges. Les Chhuor ont perdu la moitié des membres de leur famille. Ceux qui n'ont pas pu sortir du Cambodge ont subi la pire catastrophe.

Madame N donne la parole : « A notre départ, Monsieur RH s'occupera de vous. » Ce dernier est un occidental quinquagénaire d'allure simple. De cette simplicité jaillit un homme distingué et humain. Un instant après, celui-ci se dirige vers les trois sœurs Chhuor. Il leur donne un bout de papier contenant son nom et son adresse. Même dans la foule, elles sont repérées. Ceci est un avantage. Mais aussi un inconvénient. Au Cambodge, leur père leur conseilla la discrétion. Elles sont discrètes. Malgré cela, elles sont remarquées. Aussitôt, un autre occidental peu sympathique apparaît. Il écarte Monsieur RH des trois sœurs. Elles n'ont même pas le temps de dire un mot. Pourquoi cet homme se comporte-t-il de cette façon ? On n'en sait rien. S'agit-il de l'enfantillage ? Pourtant il n'est pas tout jeune. Il a au moins un demi-siècle d'existence. Mais la maturité n'a pas de rapport avec l'âge.

L'heure d'adieu est arrivée. Une immense tristesse envahit la salle. C'est une séparation à jamais. C'est la vie. Les Trois sœurs se rappellent toujours cette affirmation de Madame N : *la famille Chhuor est consacrée*. Elles n'ont toujours pas eu l'occasion de vérifier la signification du mot *consacré*. Presque tous les amis sont partis. Monsieur RH les remplacera. Il a l'air sympathique. Mais c'est trop tôt pour l'affirmer. On ne peut pas juger quelqu'un en une minute. Même avec du temps, nos jugements sont souvent erronés. Nous croyons connaître quelque chose, mais ce n'est qu'illusion. Même nous, nous ne cessons d'évoluer en fonction du temps et de l'espace. Rien n'est constant.

*

Juin est presque terminé. La moitié de l'année est écoulée. Le chemin de notre vie est en dents de scie. L'espoir est suivi de désespoir. Et vice versa. Monsieur F est parti. Il faut donc aller voir Monsieur T, son remplaçant. Il est difficile de savoir pourquoi ce groupe de Français se sent responsable du sort des amis cambodgiens de Mademoiselle K. Maly, Rundy et Chak Riya arrivent chez cet homme. D'âge moyen, il est grand et froid comme un bloc de glace. Pas de sourire. On dirait qu'il porte une grimace. Les trois sœurs se comportent de la même façon. Elles gardent une distance. Il dit :
- Venez me voir de temps en temps pour les affaires qui vous concernent.
- C'est entendu.
Quittant celui-ci avec un pincement de cœur, elles échangent des idées.
- Il n'est pas comme Monsieur F, ni les autres amis français. Il se prend vraiment au sérieux. Il nous considère peut-être comme race inférieure.
- Ce n'est pas par ce qu'il s'occupe de notre affaire que nous sommes obligées de nous abaisser. L'homme est né égal. Nous ne lui avons rien demandé. Il se sent responsable. Cela ne regarde que lui. Personne n'est obligé de mettre le destin d'autrui dans ses mains.

- Tous les amis européens ne se comportent pas de cette façon avec nous. Après tout, il représente la minorité. Ce n'est pas dramatique.

Elles sont déçues. Quelques jours après, elles ont compris la cause de la froideur de Monsieur T. Lun, le jeune homme cambodgien qui était logé chez Mademoiselle K leur a appris que cet homme a eu un problème gravissime dans son foyer. Son comportement n'est donc que la projection de ce problème. Cela se comprend. Les difficultés transforment l'homme en plusieurs facettes. Il ne faut donc pas faire attention à son comportement glacial, voir hostile.

*

Une succession d'évènements négatifs vous fragilise. La fragilité est humaine. Nous ne sommes pas des robots insensibles à tous les phénomènes. Les trois sœurs sont épuisées. Elles décident de s'allonger sur la natte. Courir tout le temps finit par nous enlever toute énergie. On verra comment réagit le maître du destin. Mais on ne peut pas changer la nature humaine. Au Cambodge, les frères Chhuor se plaignaient du comportement de leurs sœurs. Elles étaient toujours en mouvement.

Elles se lèvent en même temps.

- Il n'y aucune raison de nous laisser aller.
- En restant inerte, on peut pas résoudre le problème.
- Il faut sortir, marcher, même si l'on ne sait pas où aller.

Elles s'habillent, sortent de la pagode, sillonnent la capitale sans but, en se laissant guider au gré du maître du destin. Elles passent d'un endroit à l'autre. Aucun événement ne se produit. Mais il faut continuer à marcher jusqu'à épuisement. Il se passera probablement quelque chose. Une surprise. Elles aperçoivent un occidental d'âge moyen.

- C'est Monsieur L, remarque Chak Riya, professeur de botanique à l'université de Phom-Penh.
- On dirait que c'est lui, répond Maly. Mais il n'avait pas de barbe comme cet homme.
- La barbe n'est pas un critère, objecte Rundy.

- Quand il s'approchera, je lui demanderai, insiste Chak Riya.
- Si ce n'est pas lui, affirme Maly, tu seras humiliée. En plus, tu ne l'avais vu qu'une seule fois en allant voir sa mère avec Rundy.

L'homme s'approche et se trouve face à face avec les trois sœurs. Chak Riya lui demande.
- Etes-vous Monsieur L ?
- Oui, je suis Monsieur L.

Chak Riya lui raconte le récit sur l'événement du Cambodge ainsi que le drame dans sa famille. Cet homme écoute attentivement. Maly se demande : « Est-ce Monsieur L ? » Au Cambodge, elle connaissait ce professeur comme sa poche. Il était hors du commun. Un perfectionniste. Pour les dessins, il fallait mesurer les dimensions du papier. Les crayons devaient être taillés tout le temps, voire toutes les minutes. Mais maintenant, elle ne se souvient plus de lui. Ce professeur était réservé et parlait peu. On ne le voyait jamais sourire. Cet homme qui est devant elle est ouvert et chaleureux. Il s'habille comme un artiste. La tragédie nous enlève une partie de notre mémoire. Nous perdons certaines de nos facultés à cause d'elle.

Le récit étant terminé, l'homme déclare :
- Je ne suis pas Monsieur L. Mais Monsieur H.

Mais pourquoi a-t-il fait semblant ? C'est dangereux d'être avec un inconnu. Celui-ci assure :
- Je suis conseiller culturel à Hanoi. Je m'occupe de deux étudiants laotiens. Si je pouvais vous mettre dans ma valise, je vous emmènerais en France. Passez me voir, voici l'adresse. Emmenez-moi tous vos papiers. Je ferai les copies pour les déposer au consulat de France.
- Nous vous remercions. Demain, nous irons vous voir.

Un évènement exceptionnel. En marchant, on a fini par aboutir à un résultat. Ce monsieur est sympathique, humain. En plus, conseiller culturel. L'inconvénient : il travaille à Hanoi.

Le soleil se lève. Saigon aussi. Cette ville est toujours animée. Les trois sœurs sont habituées à cet endroit. Elles sillonnent la capitale pour un but précis : voir Monsieur H. Un accueil chaleureux leur est réservé. Le conseiller culturel fait les copies de tous les diplômes. Puis il dit :
- A chaque fois que je viendrai à Saigon, je vous contacterai.
- Nous vous remercions infiniment.
- Ne vous promenez pas dans la ville. Il faut lire. Allez plutôt à la bibliothèque. Passez voir le directeur. Je vais lui en parler.

Avant de se quitter, le conseiller sort des billets d'une somme assez importante. Et il les donne aux trois sœurs. Elles se retirent. En chemin, elles se concertent :
- Il n'y a aucun homme comme ce Monsieur. Il pense à tout.
- Nous avons fait un engagement avec lui : se rendre à la bibliothèque. Tous les réfugiés ne peuvent pas accéder à ce lieu comme nous. Nous sommes privilégiées. Mais, notre cerveau sera-t-il capable de fonctionner pour recevoir des choses intellectuelles ?
- Nous sommes obligées d'y aller, sinon il serait mécontent.

Pour les trois sœurs, la culture n'est plus leur motivation. Leur avenir, une vie simple loin du monde intellectuel. Malgré leur renoncement, les trois jeunes filles sont obligées d'aller s'inscrire à la bibliothèque. Après tout, c'est un avantage. Puisque qu'ils vont partir pour la France, il faut lire et lire, même si nos neurones sont fatigués et endormis. Le directeur de la bibliothèque est un Français. Un bibliothécaire vietnamien est poli, mais direct, il fait la réflexion : « Elles sont gentilles, mais distantes. » Chaque pays a ses coutumes. Au Cambodge, les femmes devaient être réservées pour être respectées. Au moment où Maly était lycéenne, une élève sauta de joie dès qu'elle entendit son nom admis au baccalauréat alors que des autres demeuraient calmes sans s'extérioriser. Du jamais vu ! Cette jeune fille devenait un spectacle pour tout le monde. Au temps où Maly était collégienne, elle riait aux éclats en lisant *L'avare* de Molière. Eng, son grand frère fit la remarque :
-Tu ris fort, sans retenue, toute seule. C'est un comportement indigne.

- Mais personne ne m'entend.
- Même si tu es toute seule, tu dois te respecter.

Leur père, leurs frères ne sont plus là pour les conseiller, critiquer, guider. Mais les trois sœurs doivent suivre le même chemin tracé par leur famille : conserver le sens de la dignité.

*

Il faut laisser passer un peu de temps avant d'aller voir Monsieur RH. Se précipiter sur un inconnu paraît mal vu. Toutefois ce n'est pas bon de trop tarder. Le moment est enfin venu. Les trois sœurs se rendent chez lui. Il habite dans une grande villa bien protégée par une clôture. Il a une femme de ménage vietnamienne bien sympathique. Mais Madame A, la Cambodgienne, a conseillé aux trois sœurs de ne pas parler devant les employées de la maison. Elles sont espionnes.

La salle de séjour est grande, presque vide, à part quelques fauteuils et une table basse. C'est un homme qui ne s'occupe pas du détail de la vie. Il est vêtu de couleur kaki. Cette couleur a sans doute une signification. Il parle français avec un accent. Ce n'est donc pas un Français.

- Je suis Anglais, personnel de l'ONU.

Ce mot l'ONU évoque un souvenir douloureux. Maly décide de lui révéler cette histoire.

- Nous déportés, coincés dans la zone dite libérée des Khmers rouges, nous attendions l'intervention de l'ONU. Mais personne n'est venu nous aider.
- L'ONU n'a pas le droit d'intervenir à l'intérieur du Cambodge. Nous essayons de sauver ceux qui peuvent quitter le pays.

Pensant à leur père, leurs frères et leurs compatriotes qui sont sans doute au Cambodge, les trois sœurs sont dominées par un immense chagrin. L'homme de l'ONU intervient :

- Ecrivez-moi une lettre. Je l'enverrai au congrès de l'ONU.
- Nous l'écrirons sans tarder.

Le mois de juillet fait son entrée. D'après la rumeur, certaines personnes ont peur de la zone économique nouvelle. Les réfugiés aussi. Christiane, la jeune femme vietnamienne, a disparue. Heung, venait de temps en temps à la pagode. Elle discutait avec certains hommes. Elle était toujours souriante. La belle My Hoing se rendait également à cet endroit. On ne sait pas pourquoi.

Saigon change de nom. Elle devient Hochiminh-Ville. Elle n'est plus la capitale. Avec la réunification du Nord et du Sud, c'est Hanoi qui l'est. Cette réunification est due à la prise du pouvoir du 30 avril 1975 par le parti communiste.

*

A la suite des départs successifs des amis, il faut s'attendre à des surprises. A chaque heure, à chaque minute, il faut réfléchir pour chercher la porte de sortie. Les trois sœurs discutent :
- Chez Monsieur C, le chef d'entreprise, il y a beaucoup d'objets de décoration. Il serait tenté par nos tissus en soie brodés.
- On peut les vendre, conseille la mère. Nous n'en avons plus besoin.

Ces objets anciens sont liés à l'enfance de Madame Chhuor. Il s'agit d'un cadeau de sa grande-mère maternelle. A présent les trois sœurs sont obligées d'arracher à leur mère ses affaires. Cependant, pourquoi s'attacher aux choses matérielles alors que tant de vies ont disparu.

Maly, Rundy et Chak Riya se rendent chez Monsieur C. Tout de suite, il est attiré par ces soieries. Il demande :
- Vous n'en avez pas besoin ?
- Non.
- Vous les vendez à quel prix ?
- C'est à vous de décider. Ces objets n'ont pas de prix.
- Si vous avez d'autres choses à vendre, venez me voir.

Il donne une somme assez importante. Importante pour les réfugiés. Mais pas pour lui. La valeur de la monnaie française est très élevée au Vietnam.

Tous les anciens amis sont partis. Sauf Monsieur S. Il est toujours simple et affable. Quant à Monsieur RH, réservé au début, puis il fait rire, même si vous êtes en pleine tragédie. L'humour anglais est particulier. Les autres amis appellent les trois sœurs par le prénom, sauf celui-ci. Pour lui : Number one, number two, number tree (numéro un, numéro deux, numéro trois). Cela, c'est pour faire rire. Mais aussi pour avoir moins de prénoms à retenir. Car, il reçoit tellement de personnes.

Avec ses sœurs, Maly s'efforce de rédiger une lettre pour l'ONU. N'ayant aucun pouvoir pour sauver leur famille, ni leur peuple, au moins cette lettre servira à quelque chose, même minime. Ce dernier temps, tant d'évènements inattendus sont arrivés. Il ne faut donc pas tarder à apporter le courrier à l'homme de l'ONU. Rundy et Chak Riya sont pris par d'autres tâches, on ne peut pas aller tous les trois au même endroit. Maly se rend seule chez cet homme. Elle lui tend la missive. Il la lit tout de suite. Emu, il affirme : « Les gens pleureront ! »

Il rejette un coup d'œil sur la dernière ligne. Avec ironie, il murmure : « Etudiante cambodgienne! ».

Il ajoute : « *Student ten yea !* » (Eternelle étudiante!)

Maly se demande : « Cet homme est-il un médium ? Un agent secret ? » Elle n'avait raconté à personne le secret de sa vie, sa lourde responsabilité dans l'ancien régime. Personne ne se pose de question sur elle. Les religieux la considéraient comme une petite fille.

Il change de sujet : Je veux acheter vos gâteaux. Il faut donc me les ramener.

En réalité, il veut aider la famille Chhuor. Mais d'une manière indirecte. Monsieur H, le conseiller culturel, a offert de l'argent aux jeunes filles Chhuor sans avoir besoin de passer par le détour. Comme quoi, les gens se comportent différemment. On voit donc la différence entre un Français et un Anglais. Cependant, il ne faut pas généraliser. Les deux hommes ne sont pas représentatifs des deux pays. Mais les deux sont braves, très sympathiques et humains.

Rentrant à la pagode, Maly raconte à ses sœurs :

- Monsieur RH a lu la lettre avec émotion. Il a dit : les gens pleureront.

- Ils sont émotifs, les occidentaux, dit Rundy.
- Ils pleurent pour une lettre ! ajoute Chak Riya.
- Il faudra donc écrire un livre, suggère Rundy.

La lettre pour l'Onu.

Le 17 avril 1975, les Khmers Rouges ont pris le pouvoir. La population est chassée des villes vers les zones dites libérées. Les déportés y subissent le travail forcé, la famine, les maladies. Ils sont morts les uns à la suite des autres à cause de tous ces facteurs. La chose la plus terrifiante : l'arrestation nocturne pour une destination inconnue. Cela est arrivé dans notre famille. Comme certains déportés, notre père, malade, est arrêté au cours d'une nuit pluvieuse par un groupe de Khmers rouges armés. Notre frère, âgé de 18 ans et notre sœur, 16 ans, sont morts dans des conditions misérables. Nos trois frères ont disparu sans laisser de trace.

Dans notre famille, il reste des femmes ; notre mère et ses filles et un seul homme survivant : notre frère adolescent. Nous étions au seuil de la mort. Mais nous avons rassemblé le peu de force que nous avions pour nous évader, en risquant notre vie. L'évasion était considérée comme une trahison.

Actuellement, nous sommes à Saigon, dans une pagode cambodgienne Chantaraingsey avec d'autres réfugiés khmers. Nous, réfugiés, nous vivons au jour le jour dans la précarité, la peur. Les enfants ne sont pas scolarisés.

Cependant, nous comptons sur l'aide des organismes humanitaires dans l'espoir d'une évacuation générale vers les pays d'accueil.

Chhuor Maly   Chhuor Rundy   Chhuor Chak Riya.

Etudiantes cambodgiennes

Chapitre 10

Départ de la Croix Rouge Internationale.

L'incertitude de la vie des réfugiés est plus qu'angoissante. Aucun mot ne peut traduire ce sentiment d'insécurité lié au statut d'apatrides. Tous les jours, ceux qui ont de la famille en France guettent le facteur. Dès que ce dernier arrive, les gens s'entassent autour de lui.

Les réfugiés s'exclament : « Une lettre pour la famille Chhuor ! » Chak Riya se précipite pour récupérer la missive. Elle annonce : « Une convocation de la Croix Rouge ! »

Sans tarder, les trois sœurs se rendent à ce lieu. C'est étrange ! Devant le porche il y a deux militaires. Elles essayent de leur expliquer tant bien que mal en vietnamien :

- Nous avons une invitation.

Au Vietnam, politesse oblige, on ne dit pas convocation. Mais invitation.

- Même avec une invitation, vous ne pouvez pas rentrer, explique un militaire.

Les trois sœurs se retirent pour réfléchir.

- Il faut absolument que je rentre, dit Mably, on n'a pas la convocation tous les jours. Vous deux, vous allez parler avec les deux militaires en les faisant écarter de la porte. Puis, je rentrerai.

- D'accord, répondent Rundy et Chak Riya.

Les deux mettent en œuvre la stratégie. Chacune s'adresse à un militaire dans un langage incompréhensible. Profitant du dos tourné des deux hommes, Maly rentre. A l'intérieur, les employés vietnamiens sont terrifiés. La secrétaire devient pâle et affolée. Les deux délégués suisses demeurent calmes. Monsieur K, le plus jeune, invite Maly à rentrer dans son bureau. Puis, il dit :

« Nous vous avons fait venir selon la demande de Monsieur RH. Nous allons contacter la famille américaine qui vous attend aux Etats Unis. »

Il ouvre le tiroir de son bureau, prend les billets, puis il les donne à Maly. Elle s'empresse de les mettre dans les poches de son pantalon.

Monsieur B, le second délégué, intervient :

« Ne sortez pas toute seule. Vous seriez arrêtée. Attendez un instant pour partir avec nous. »

Dehors, le nombre de militaires augmente. Les réfugiés cambodgiens sont entassés devant le bâtiment pour observer ce qui se passe. Rundy et Chak Riya sont affolées de ne pas voir sortir Maly. Enfin, elles sont soulagées. Leur sœur se trouve dans la voiture avec les deux délégués suisses et leur chauffeur. Monsieur B assure : « Vous pouvez partir. »

Maly quitte la voiture, puis rejoint ses sœurs. En chemin, les trois rencontrent Kun, une amie de Maly. Cette dernière dit :

- Sais-tu, Maly, les autres Cambodgiens étaient inquiets pour vous. Ils ont dit : « Les trois sœurs sont trop courageuses. Elles n'ont peur de rien. »

- Tu sais bien, nous sommes obligées de prendre des risques, répond Maly.

Rentrant à la pagode, Maly sort l'argent de ses poches. Elle informe sa famille :

- Avec cette somme, nous pourrons vivre pendant un certain temps.

- Mais, répond Chak Riya, ils pourraient nous arrêter pour cause de violation d'interdiction.

- Père disait tout le temps, ajoute Rundy, les femmes sont audacieuses. La tragédie nous en apporte la preuve.

- Sans notre intrépidité, remarque Maly, nous serions morts au Cambodge.

Chapitre 11

Pièges

Août 1976. Le soir, à la pagode les réfugiés se réunissent en petits groupes. Leur point commun : chercher la solution pour l'avenir. Un groupe de jeunes gens proposent aux trois sœurs de les rejoindre pour une discussion très importante. Parmi eux, il y a un jeune homme âgé d'une trentaine d'années. En raison de son air sérieux et intéressant, on lui donne comme surnom le nom d'un remarquable politicien américain.

Les jeunes gens prennent la parole :
- Savez-vous, en Thaïlande, les réfugiés reçoivent de l'aide humanitaire. Ils ont en plus la possibilité de partir pour les pays d'accueil. Beaucoup de gens se sont évadés pour y aller.
- Le seul moyen pour rejoindre ce pays, c'est par la voie maritime au moyen d'un bateau.

Le *politicien américain* s'adresse aux trois jeunes filles Chhuor :
- Si vous pouvez trouver dix personnes qui ont les moyens pour payer ce voyage, votre famille pourra partir gratuitement.
- D'accord, répondent les trois sœurs. Nous tâcherons de les chercher.

Devant l'incertitude de la vie les gens cherchent toutes les portes de sortie. Maly, Rundy et Chak Riya cachent ce projet à leur mère. Entendant la discussion, Madame Chhuor reproche à ses filles : « Vous êtes en train de faire des idioties. »

Avant de s'aventurer, il faut se renseigner. Elles en parlent à Monsieur C, le chef d'entreprise :
- Nous avons l'intention de prendre la fuite par le bateau.
- Ne tentez pas cette voie, j'ai connu des gens qui sont arrêtés à cause de cela.

Mais les trois sœurs n'y croient pas entièrement. Elles discutent :

- Nous resterons ici jusqu'à quand ?
- Il faut prendre le risque. Mère finira par nous suivre.
- Beaucoup de Chinois sont riches. Il faut contacter un des leurs.

Rundy et Chak Riya prennent en charge cette affaire. Un jour après, elles trouvent un Chinois du Cambodge. Il assure : je trouverai sans problème dix personnes.

Le jour de rendez-vous arrive. Dans un restaurant, les deux sœurs sont avec quelques hommes. Le petit groupe attend l'organisateur, *le politicien américain*. Ils attendent, ils attendent. Mais celui-ci ne se présente pas.

Les trois sœurs ne verront pas cet homme. Enfin, cette aventure est trop périlleuse. Il faut arrêter d'y penser.

*

Aller voir Monsieur T n'est pas une joie. Rencontrer un homme froid, voire hostile vous met mal à l'aise. Heureusement il est le seul à avoir ce comportement bizarre. Il est vrai que sa réaction n'est que le résultat d'un problème gravissime. Mais, ce n'est pas nous qui devons payer ses dettes du passé. S'entendre avec le monde entier est impossible. Les jeunes filles Chhuor sont soucieuses. C'est à contre cœur qu'elles doivent aller chez cet homme. Physiquement il n'est pas mal. Mais ce n'est pas cela qui compte dans la vie. Son physique est annulé par ses gestes peu chaleureux. Cet homme vous transforme à son image. Il vous rend désagréable.

Cette fois, il sourit. Mais il vaut mieux qu'il ne sourit pas. Son sourire vous effraye. Il cache quelque chose. C'est vrai. Il déclare : « Toutes les trois, vous êtes étranges. Pas comme les autres. Vous demandez de l'aide des gens. Mais au lieu de solliciter, vous imposez. »

Les trois sœurs ont envie de lui répondre qu'elles n'ont rien demandé. Mais il vaut mieux se taire. Il ajoute : « Pour insister, vous êtes champions ! »

Dans certains cas, il vaut mieux ne pas déclencher la guerre. Cette guerre met le point final. Après tout, elles ont besoin de son service. Sa galanterie n'est pas nécessaire. Elles ne sont pas du genre à se laisser faire. Mais cet homme prend en charge le dossier de leur famille. Les trois sœurs quittent celui-ci sans rancune ni rancœur. Il faut accepter les êtres humains comme ils sont. Toutefois, elles discutent :

- Imposer, insister, cela veut dire quoi ? Nous n'avons pas l'impression de nous comporter comme des femmes autoritaires.

- Les autres amis ne font pas ces réflexions.

- Peut-être, nous n'avons pas su pratiquer le langage qu'il faudrait : le mode conditionnel au lieu de l'indicatif. *Pourriez-vous* à la place de *pouvez-vous*.

- C'est une occasion de revoir la grammaire française afin de parler correctement. Comme ce n'est pas notre langue maternelle, nous sommes capables de commettre des erreurs.

- Une chose curieuse, il a dit *champions* au lieu de *championnes*. Avons-nous une allure de garçon manqué ? La tragédie nous masculinise sûrement. Remplaçant notre père et nos frères, nous finissons par ressembler aux hommes. Perdre sa féminité, l'attrait féminin en cette condition de vie est un avantage. Heureusement il nous l'a dit.

- Probablement, il l'a fait exprès pour nous masculiniser, tellement il est machiste. Ce n'est pas la peine de nous tracasser. Nous avons besoin de son service. Un point final.

Ne se rendant pas malades à cause du comportement de cet homme elles passent aux autres sujets plus importants. C'est intéressant de savoir que nous ne sommes pas aimés partout et par tout le monde. Sinon nous serions narcissiques. Etre accepté à 100% n'existe pas. La tragédie est une leçon de la vie. Tous les jours, les Chhuor apprennent des choses, l'humilité et la découverte de soi.

*

Vous préférez la discrétion. Mais le destin est ironique. Les trois sœurs ne passent pas inaperçues. Elles ne sont pas seulement repérées à la pagode, mais à l'extérieur les autres réfugiés parlent d'elles. La preuve, un comédien renommé au Cambodge se rend à la pagode exprès pour les rencontrer. C'est un jeune homme âgé d'environ trente ans. Il leur dit : « J'ai entendu parler de vous. J'ai la mission de rassembler tous nos étudiants. Mais ce n'est pas possible d'en parler d'ici. Je vous propose de me suivre. »

En temps normal, on ne suit pas un inconnu, malgré sa célébrité dans le passé. Mais la situation a changé. La curiosité pousse les trois sœurs à partir avec lui. Quand on est trois, on n'a peur de rien. En chemin, il invite les trois sœurs à entrer dans un restaurant pour prendre la soupe de vermicelles de riz. Au Cambodge, ce plat, *Kuy teav* était très appréciée. Ici, cette soupe se nomme *soupe de Phnom Penh*.

Le comédien explique :
- Le métier d'artiste n'est pas ma vraie profession. Je jouais pour le plaisir. En réalité, je suis médecin d'OMS (Organisation Mondiale de la Santé).
- C'est étonnant, personne ne le savait.
- Il s'agit d'une mission secrète. Actuellement je dois repérer tous les étudiants de chez nous pour la construction du pays. De ce fait, on m'a fait loger dans une grande maison. Venez donc la voir.

Les trois sœurs suivent cet homme sans se poser de question. Après tout, qui ne connaît pas celui-ci, un acteur renommé ? Les quatre arrivent à destination. Ce n'est pas un mensonge. Il vit dans une grande villa bien clôturée. Cette demeure n'est pas à la portée des réfugiés. Il ouvre la porte. C'est curieux. La maison est presque vide pour être digne d'un homme chargé d'une mission importante. Les trois sœurs commencent à s'interroger. Cet homme est-il en train de jouer la vraie comédie ? Une femme âgée est là. Elle est soucieuse. C'est sa mère. C'est elle qui pourra dire la vérité. Mais les trois sœurs sont obligées de jouer la comédie. Faire semblant d'être agent secret. Seule une interrogation policière pourrait aboutir au résultat. Parler durement à une personne âgée est impardonnable. Mais dans certains cas, il faudrait écarter les règles de bienséance. D'un ton sec, Maly lui pose la question :
- Votre fils est-il un médecin d'OMS ?

Inquiète, la vielle dame lance un regard interrogateur à son fils. Celui-ci prend un air sévère. D'une voix peureuse, sa mère répond :
- Mon fils est fou. Il n'est pas médecin.

Perturbé, l'acteur perd sa vivacité. Les trois sœurs continuent la mission. Elles jouent le rôle des femmes autoritaires. Rundy interroge la mère.
- Pourquoi vivez-vous dans une grande maison alors que vous êtes réfugiée ?

Elle regarde son fils, il fait la grimace. La dame est de plus en plus inquiète. Elle informe :
- Cette maison appartient à mes cousins. Ils ont déménagé. Ce bien immobilier sera bientôt à l'Etat.

Il importe d'arrêter d'embêter cette pauvre vieille.
- On part, dit Chak Riya.

Les trois sœurs quittent la belle demeure sans rien dire. Rentrant à la pagode, elles discutent :
- Il a joué le rôle d'homme galant en nous passant des baguettes solennellement dans l'ordre de la hiérarchie familiale. Ce qui me fait de la peine c'est d'avoir fait peur à sa pauvre mère.
- Mais c'est lui qui nous a obligées à jouer la comédie.
- On ne sait pas dans quel but ? Ce n'est pas une simple affaire.

Peu de temps après, un autre homme apparaît. Il se déclare être l'oncle de Sothany, une amie de Chak Riya. Lui aussi, il a un secret à confier aux trois sœurs. Il leur demande de sortir pour parler à l'extérieur de la pagode. Puis, il invite les trois sœurs à prendre la *soupe de Phnom Penh*.

Il explique :
- J'ai été commandant dans l'ancien régime.
- C'est dangereux de révéler cela à tout le monde. On est dans un pays communiste, répond Maly.
- Mais je le dis parce que Chak Riya était amie de ma nièce. Je voudrais vous aider. Avant les évènements, j'ai déposé une grosse somme d'argent en France sur le compte d'un ministre.

Quelle coïncidence ! Ce ministre est parent de Madame Chhuor. Il avait une bonne réputation d'homme intègre et très humain. Pourquoi a-t-il fait affaire avec cet homme ? C'est encore un piège. Que veut celui-ci ?

Dans la rue, arrive l'ancien employé du pasteur. C'est un homme costaud. Son allure fait peur. Il conduit le cyclo pousse. Voyant les trois sœurs, il s'arrête. Maly se dirige vers lui.

- Si vous voulez aller quelque part je vous emmènerai, dit l'homme.

- Non, merci.

Elle n'a aucune confiance en celui-ci. Les gens qui travaillent chez les occidentaux pouvaient être agent secret. Mais c'est une occasion pour apeurer l'autre homme prétendu être commandant. Ce dernier commence à être effrayé.

Elle lui dit : « Faîtes attention. Le conducteur de cyclo pousse est un agent secret. Il m'a posé la question sur votre profession. »

Le piégeur devient piégé. Sa vivacité est remplacée par la panique. Il quitte les trois sœurs en vitesse, sans dire au revoir. Maly, Rundy et Chak se concertent :

- En l'espace de quelques jours il y a deux hommes qui nous ont tendu un piège.

- Maintenant ce sont eux qui sont effrayés. Pourquoi ce piège ? Dans quel objectif ?

- Il faut espérer qu'il n'y en aura pas de troisième.

- La précarité, la tragédie, ne suffisent pas, il faut en plus se battre contre les pièges.

Chapitre 12

Ouverture

L'année 1976 a rempli son rôle. Qu'elle emporte toutes les mauvaises choses ! Les Cambodgiens espèrent que la nouvelle année apporte toujours la chance. Se laisser dominer par le désespoir, c'est se détruire avant que les événements fâcheux ne viennent. En ce moment, les Chhuor se réfugient dans l'ombre de Bouddha. Les trois sœurs cherchent les pagodes bouddhistes afin de faire la prière. Enfin elles en trouvent un. Il est interdit de rentrer dans un lieu sacré avec des chaussures. Elles les enlèvent, s'assoient sur le tapis, se prosternent devant la statuette de Bouddha. Un bonze vietnamien sonne le gong pour transmettre les vœux au ciel. Mais il ne s'approche pas d'elles. Les attitudes des religieux de chaque religion sont différentes. Il faut sortir de son domaine pour mieux voir.

Espérant que leur prière est exaucée, les trois sœurs se sentent moins troublées.

*

Le temps arrange les choses. La relation est enfin améliorée entre Monsieur T et les trois sœurs. Cet homme n'est ni orgueilleux, ni insensible aux malheurs d'autrui. Au contraire, c'est un homme de cœur. Maintenant, il a le vrai sourire. Il n'est plus ironique. C'est un homme honnête et correct. Mais direct. Grâce à ses réflexions, les trois sœurs font attention à leurs paroles. Le français a beau être une belle langue, mais cette langue est difficile. Le français et le khmer sont très différents comme le ciel et la terre. Le khmer n'est pas facile non plus. Certains vocables viennent du sanscrit et du pâli, les langues anciennes. Il y a une infinité de mots soutenus. Par exemple *phka*r désigne la fleur. En langage soutenu c'est *bopha*. Certains mots soutenus sont réservés uniquement pour l'administration ou la littérature.

Les critiques de Monsieur T sont constructives. Cela permet aux jeunes filles Chhuor de faire une étude sur elles-mêmes. Nul n'est parfait sur terre. Jadis, leurs frères aînés les critiquaient souvent, dans l'objectif de les rendre meilleures. Au Cambodge, certains enfants étaient habitués à cela. Critiquer, c'était pour corriger. Des éloges excessifs paraissaient inutiles. Même si vous étiez premier de la capitale et que le pays entier connaisse votre nom, vous n'entendez pas vos parents dire : « Je suis fier de toi. » Tous les enfants étaient aimés et traités de la même manière. Ils n'étaient pas mis en compétition l'un contre l'autre. Mais ils devaient s'unir et s'aimer. Les bons résultats en classe, aux examens, ainsi que la situation sociale ne sont pas des critères pour se faire valoir au sein de la famille. Tout le monde veut réussir et naître intelligent. L'échec scolaire et autre sont liés à diverses causes. Toutes formes d'échecs sont source de souffrance. Ce n'est pas une raison de ne pas aimer, voire humilier ceux qui sont en difficulté, et de mettre ceux qui réussissent sur piédestal. On essayait de comprendre les motifs des échecs. Madame Chhuor ne cessait pas de répéter : « Dans une grappe, les fruits ne sont pas identiques. Dans une famille, les enfants ne sont pas pareils. » Elle n'est ni savante, ni ingénieur, ni philosophe. Jadis, elle exerçait une profession libérale. Mais ses raisonnements étaient souvent logiques. C'est ainsi que son mari demandait toujours son avis pour des décisions importantes.

Certains parents avaient peur que le grand succès de leurs enfants provoquent un lourd fardeau, voire des ennuis. Chaque pays a sa manière de penser. Il est difficile de dire que les parents cambodgiens avaient tort ou raison. Comme on ne connaît pas la mentalité des parents des autres pays, on trouve que tout ce qui se passe chez soi est normal. Il importe de sortir de sa patrie pour faire une analyse comparative. Mais les Chhuor n'ont aucune intention de quitter leur terre natale pour cette analyse. Il y avait des siècles et des siècles que leurs ancêtres vivaient avec leur mode de vie; c'est le maître du destin qui les a poussés à partir pour survire.

*

Maintenir le réseau de relation est indispensable, surtout en cette condition de survie. Il importe d'aller voir l'un, puis l'autre sans aller jusqu'au dérangement. Tous les soirs, les trois sœurs établissaient leur planning pour la distribution des tâches. Auparavant, elles avaient des examens à préparer. Sur le boulevard de l'université de Phnom-Penh qui groupait diverses disciplines, s'alignaient des flamboyants. A la floraison, c'était féerique. Partout, on voyait des fleurs rouges. Mais à cette période, les examens approchaient. Donc les fleurs étaient liées au souci. A présent, c'est le vide. Pas de souci d'examen, ni de projet à moyen ou à long terme. On vit au jour le jour. Demain sera un autre jour. On réfléchira au fur et à mesure.

Maly passe voir l'homme de l'ONU pour lui apporter les gâteaux comme convenu. Elle n'est pas toute seule. Il y a des gens avant et après elle. Son tour arrive. Monsieur RH est affable, mais peu bavard. Il se trouve que l'on n'a presque rien à se dire. Cette fois il raconte : « Il y a des personnes qui ne se comportent pas comme des réfugiés. Comment veulent-elles qu'on les aide ? »
Une surprise ! Mine de rien, il observe, analyse. Il faut donc faire attention. Il a raison. Cette jolie jeune femme est un peu trop coquette pour une réfugiée. Son maquillage indiscret est en accord avec sa robe séduisante alors que les autres réfugiées sont discrètes. Mais ce n'est pas une raison pour lui faire un commentaire. Chacun fait comme il l'entend. C'est son choix. Kuong, le second frère, avait dit : « C'est de la folie de vouloir que le monde soit à notre image. Ce n'est pas nous qui allons le changer. »

Il ne faut pas oublier Monsieur S. Un homme aussi simple, toujours agréable, est rare. Sa femme est gentille. Elle ne discute que lorsque son mari n'est pas là. Dès qu'il arrive, elle se retire. On ne comprend pas pourquoi. Cette question ne nous concerne pas. Ce n'est pas la peine de remplir notre cerveau fatigué avec des choses qui ne nous regardent pas.

Les jeunes filles Chhuor rencontrent une collection de gens de personnalités différentes. N'ayant pas d'autre occupation, elles font des études sur chaque personne. Ce n'est pas pour les critiquer, mais pour les comprendre. Il n'est pas question de retourner au Cambodge. L'avenir de la famille Chhuor sera en France. Il faut donc se préparer pour s'adapter à un autre monde, le monde occidental. Toutes les trois doivent observer et faire des remarques.

*

C'est le moment d'aller voir Monsieur RH. C'est curieux. Les fenêtres sont fermées. Soucieuse, son employée de maison explique à Maly : « Monsieur RH est malade. Il n'a ni dormi, ni mangé. Il est parti. »

Un instant après il est de retour. Exténué, il confie : « Si je continue à travailler de cette façon, je mourrai bientôt. »

Maly demeure muette, sans se permettre de faire de commentaire. D'ailleurs, peu douée en expression orale, elle a peur de dire des idioties. Une chose à remarquer, cet homme consacre sa vie aux autres. Sous l'apparence d'un homme riche en humour, se cache un homme malheureux. Elle a une tête à recevoir des confidences. Au Cambodge, son ministre lui confiait ses soucis, ses amies aussi. Selon les problèmes, parfois elle s'efforçait de trouver quelques mots pour partager les chagrins. Sinon une écoute attentive suffisait. Une de ses amies avait déclaré : « Je suis soulagée de t'avoir confié mes peines. »

Après avoir terminé les études au collège Norodom, elle devenait élève du lycée Sisowath, situé non loin du collège Norodom. Les deux établissements sont sur le boulevard Norodom. Un jour, elle fut obligée d'être ferme au cours d'une

discussion avec Hieng, une camarade. Cette dernière avait affirmé :
- L'amour est plus grand que tout, même la vie.
- A ton avis, si l'on aime sans être aimé, on doit mourir ?
- Oui !
- Quelle idée ! Arrête donc d'aimer celui qui te fait souffrir. Ainsi tu ne souffriras plus. Il ne faut pas se laisser détruire pour cela.
- Tu n'as rien compris à la vie.
- Je ne veux rien comprendre.

Chacune défendait sa cause en argumentant sur des héros de la littérature. L'une était pour l'honneur, l'autre l'amour. La discussion devenait presque une altercation dans la cour de l'établissement, au risque d'attirer d'autres lycéens. Les deux étaient ridicules, l'une comme l'autre. Discuter fait perdre de l'énergie. Mais être d'accord avec quelqu'un qui veut se détruire inutilement c'est le pousser à une fatale erreur. Selon une expression cambodgienne : *la terre est remplie d'hommes. Le pays de femmes.* L'idée des anciens : conseiller aux gens de pratiquer le détachement pour éviter de se détruire. Et non pour avoir beaucoup d'aventures.

Hieng était cousine de Chanta. Cette dernière était grande amie de Maly. Les deux amies étaient élèves du collège de jeunes filles Norodom. Les deux cousines avaient des caractères différents comme le ciel et la terre. Chanta était trop fière, même dans la souffrance. Son sens de l'honneur était effrayant. Son fort caractère se dessinait sur son visage, se reflétait dans le regard et sa démarche. Elle était belle. Mais d'une beauté chargée d'amertume. Il fallut des années pour découvrir la cause de ses souffrances. Elle avait dit : « Je ne supporte pas Hieng, ma cousine. Son caractère sans dignité m'énerve. Souvent elle avait des yeux rouges parce qu'elle était amoureuse. Cela ne lui suffisait pas ; elle est tombée sous le charme d'un jeune premier français qui se trouve à l'autre bout du monde. Elle appelle celui-ci *cher A*. Je lui avais dit : *tu es indigne. Est-ce que ton cher A te connaît ? Et s'il le savait, il te mépriserait.* »

Maly pensa que Chanta, son amie, était terrible de se mêler de ce qui ne la regardait pas. Sa cousine avait le droit d'aduler son *cher A*. Cela ne dérangeait personne. Finalement, c'est à son tour d'avoir une discussion désagréable avec la cousine. Plus tard, elle réalisait qu'elle n'était pas loin de Chanta. Ceux qui se ressemblent s'assemblent. Pourquoi cette stupide discussion avec la cousine ? Il faut de tout pour faire un monde. Ce n'est pas à elle d'homogénéiser la terre. Et ce n'est pas non plus cette façon d'agir qui résoudra le problème. Chacun a sa façon de penser. C'est le temps qui apprend les choses.

*

1977 fait son entrée. Normalement au passage de la nouvelle année, on doit s'habituer au changement de l'année sur des courriers, sur des cahiers pour les élèves. Mais pour les réfugiés, cette question ne se pose pas. Ce qui change pour les Chhuor c'est de pouvoir faire le culte des ancêtres au nouvel an chinois. Mais dans le strict minimum. Quelques mets simples sont disposés sur la table. Puis au moyen des baguettes d'encens, ils invitent les membres de la famille défunte à venir déguster les plats. Ne connaissant pas le sort des autres membres de la famille, l'invocation demeure difficile.

*

Le temps ne fait que s'écouler. Une journée nouvelle commence. Maly annonce à sa famille :
- J'ai vu Monsieur F dans un songe.
- C'est curieux, s'exclame Rundy.
- Il pensait sûrement à nous, ajoute Chak Riya.
Le rêve devient enfin réalité. Le jour même, une lettre de celui-ci est arrivée par l'intermédiaire de Monsieur T. C'est étrange. Comment peut-on interpréter ce phénomène ? Ce rêve prémonitoire ? Tout est inexplicable. On pourrait traduire cela par la télépathie. Sa missive est accompagnée d'un certificat d'hébergement. Sa promesse est donc tenue. C'est un homme de parole et de cœur. Il a demandé à un de ses amis, un

musicien, à faire ce certificat pour Sethy, Rundy et Chak Riya. Quant à Maly, c'est H, un ami Cambodgien, ancien étudiant de la faculté de science de Phnom-Penh qui l'a fait pour elle. La femme de celui-ci, ancienne étudiante de la même faculté, est aussi son amie.

Madame Chhuor et Sokunthea n'ont pas de répondant. La joie ne dure donc qu'un instant. Les jeunes Chhuor ne peuvent pas partir en laissant leur mère et leur sœur handicapée dans un pays étranger. Ils ont décidé de partir ensemble ou pas du tout. Il ne faut surtout pas désespérer. Le temps apportera la solution. Il importe de s'armer de patience.

*

Le ciel est toujours bleu dans le pays tropical. Mais quand il pleut, c'est l'obscurité. Le soleil est toujours omniprésent. En cette situation d'apatrides, la lumière du jour n'a aucun effet sur nous. Tout le monde attend la porte de sortie. Cette attente est pénible. Cette situation de précarité est incroyable. La terre continue de tourner. Nous continuons de nous interroger sur notre bizarre sort. Pourquoi devons-nous subir ce terrible bouleversement ?

Un évènement qui peut changer l'atmosphère de la pagode c'est la venue du facteur. Mais ce changement n'est pas pour tout le monde. Seulement pour une minorité. Les Chhuor ne se précipitent jamais voir le facteur. Tous leurs courriers passent par la valise diplomatique grâce aux amis français. Dans le malheur, il faut apprécier cette chance, ce privilège.

Le facteur arrive. Comme toujours, il est entouré de réfugiés. On s'exclame : « Une lettre pour la famille Chhuor ! »

Rundy se dirige pour la récupérer. Puis elle annonce à sa famille.

« C'est le courrier de Monsieur NGAU BENG EAM. Comment a-t-il su que nous sommes ici ? »

Monsieur NGAU était ancien fonctionnaire, originaire du même lieu de naissance que Madame Chhuor, il a quelques années de moins qu'elle. Quant à Madame NGAU, elle est la cousine du beau-frère de Madame Chhuor.

Les Chhuor s'empressent de lire la missive :

Sœur aînée,
Apprenant l'existence de votre famille à Saigon, je tâcherai de faire mon possible pour vous aider à aller en France.

Très contente, Madame Chhuor ne croyait pas à l'arrivée d'un tel message. Elle disait souvent que Monsieur NGAU était bien sérieux. Il faut donc le remercier pour son intervention. La vie est chargée de mystère. Les évènements imprévisibles peuvent se produire.

Les Chhuor commencent à guetter le facteur comme certains réfugiés. Une semaine après, à l'arrivée de celui-ci, on s'écrie : « Une lettre pour la famille Chhuor. »

Encore une lettre ! Quelle surprise ! Maly annonce à sa famille :

- Monsieur NGAU nous envoie un certificat d'hébergement. Une Française a accepté de prendre en charge toute la famille.

- Comment a-t-il pu trouver une personne qui est capable d'héberger six personnes ?

Ayant le certificat d'hébergement, les trois sœurs se rendent immédiatement au service d'immigration pour demander le visa de sortie. Quelle surprise ! Il y a un grand nombre de réfugiés cambodgiens. La salle est tellement remplie que certains se trouvent dehors. Un conseil leur est donné : « Vous devez venir souvent ici pour montrer que vous souhaitez partir. »

La femme qui accueille les réfugiés s'appelle Mademoiselle Traing. Presque tous les réfugiés connaissent la langue vietnamienne sauf les Chhuor. Les trois sœurs sont obligées de parler français avec la jeune femme. Cette dernière dit :

« Vous reviendrez dès que vous aurez le visa d'entrée. »

Devant cette réponse, on ne peut pas insister. Surtout, il faut respecter la loi du pays. Mais dans cette attente il faut faire quelque chose. Les trois sœurs discutent :

- Il faut aller tout de suite à la bibliothèque chercher des livres. Le plus important : celui du savoir-vivre.

- Heureusement, Monsieur H, le conseiller culturel, nous a obligées à nous inscrire à la bibliothèque.

Enfin, elles trouvent ce qu'il faut. Incapable de se taire, le bibliothécaire vietnamien interroge : « Pourquoi avez-vous pris ces livres? Vous n'êtes pas assez belles ? »

En quittant cet endroit les trois sœurs se concertent :

- Cet homme est gentil, correct. Mais il faisait toujours des réflexions. Il disait ce qu'il pensait.

- Il était étonné de nous voir prendre des livres sur la beauté et la méthode pour rajeunir. Il n'a pas compris que des années de soucis, de terreur, nous ont vieillies. Il faut rattraper le temps perdu.

- La vraie jeunesse se trouve au-dessous de vingt ans. Nous avons dépassé un peu ce seuil. En plus, la tragédie a changé tout. Il importe de soigner un peu notre apparence pour ne pas être ridicule.

- Surtout, quand on partira pour la France, un grand pays renommé.

*

Les autorités interdisent la vente sur le trottoir à Saigon. Sethy est obligé d'aller en province pour son commerce de gâteaux. Il faut donc se lever très tôt pour cette affaire. Depuis quelques mois, il n'a plus besoin d'être aidé par le jeune homme. Il est inimaginable qu'un adolescent puisse être aussi pugnace. Madame Chhuor et ses filles ne cessent d'admirer le courage de celui-ci. Etre le seul homme de la famille, la responsabilité est énorme.

Mine de rien, Sokunthea supervisait. A chaque fois, au moment de repas à midi, elle disait « Thy ». Elle voulait dire qu'il faut penser à Sethy en lui laissant sa part de nourriture. Malgré son handicap, elle a compris que la famille ne se trouve pas en situation normale. Les trisomiques ont du cœur et sont si attachants. Ils ont la capacité de réfléchir. Il ne faut donc pas les sous-estimer.

Maly prend un bus. Oubliant les recommandations des autres réfugiés, elle met l'argent dans une pochette qu'elle tient dans sa main. D'habitude elle le mettait dans la poche de son pantalon. Une demi-heure après, elle descend du bus. Soudain, un voleur arrache sa pochette à une vitesse effrayante. Il n'y a pas qu'un seul voleur. Un d'entre eux rend le porte-monnaie à une veille femme parce que celle-ci pleure. C'est quand même rare de voir un voleur rendre l'objet volé. Mais il existe au Cambodge, un conte intitulé *Le voleur à cœur sain*. Il volait des riches pour donner aux pauvres. Le métier de voleur n'est pas bien. Toutefois, il y a voleur et voleur. Rentrant à la pagode, Maly se hâte de raconter la mésaventure à ses sœurs. Puis toutes les trois se concertent :

- Le docteur Phuc avait raison. Ce n'est pas bien de se déplacer dans les endroits dangereux.

- C'est pour cette raison que le conseiller culturel nous avait conseillées d'aller à la bibliothèque au lieu de nous promener en ville.

- Nous étions déjà dans certain quartier dangereux. Mais il ne nous est rien arrivé.

- Désormais il faut faire attention. Nous n'avons pas assez d'argent pour qu'il soit volé.

Il paraît que les rescapés ne sont pas très peureux. Ils sont immunisés.

*

La vie tranquille n'existe pas. Surtout pour les réfugiés. Un petit malheur arrive dans la famille Chhuor. Au cours d'un déplacement pour son commerce, Sethy a eu un accident. Son bras a saigné. La cicatrice laissera une trace à jamais. Malgré cette blessure, il ne se plaint pas. Mais il continue à travailler pour entretenir la vie de sa famille. Le sang de combat coule dans ses veines. Les jeunes Chhuor sont imprégnés de récits narrés par leur mère sur son histoire et celle de son père.

Selon Mademoiselle Traing, il faut avoir le visa d'entrée pour pouvoir obtenir le visa de sortie. Cela n'empêche pas les trois sœurs de se rendre au service d'immigration. Le Vietnam a fait la déclaration sur l'existence des réfugiés cambodgiens qui ont fui leur pays. Le Vietnam ne ferme donc pas la porte à l'international comme avaient fait des Khmers rouges. Les Cambodgiens ont donc l'espoir de partir. Mais quand ? Personne ne le sait.

Il faut informer tous les amis de la bonne nouvelle sur la réception du certificat d'hébergement. Les tâches sont donc réparties. En ce moment, il ne reste que trois amis. Monsieur S, Monsieur T et Monsieur RH. Les trois sœurs ne considèrent pas Monsieur C, le chef d'entreprise comme ami. Ce n'est donc pas utile d'aller le voir.

Maly se rend chez l'homme de l'ONU. Il est content d'apprendre la bonne nouvelle. En revanche, il n'est est pas jovial comme d'habitude. Il annonce :

- Le service d'immigration m'a convoqué en me disant que je devrai quitter le Vietnam bientôt. Car, je reçois trop de monde, notamment, des réfugiés cambodgiens. En plus l'ONU est en relation avec l'ancien régime. Je n'ai plus de mission d'ici.

- Quand partirez- vous ?

- Je n'en sais rien. Avant de partir, je veux visiter la pagode cambodgienne.

- C'est trop dangereux, la pagode est sous contrôle de l'autorité du quartier.

Il n'a pas insisté. Maly réfléchit : « Pourquoi m'a-t-il demandé cela ? Il n'a qu'à demander aux autres. A la pagode il y a des gens instruits, occupant autrefois des postes de responsabilité. Je ne suis pas née pour porter le fardeau de la terre, ni pour sauver l'humanité. D'abord, je dois penser à ma famille, mais aussi à moi-même. Lui, sous la protection de l'ONU, il partira en toute tranquillité. Ma famille n'est sous aucune protection. Si j'emmenais RH à la pagode, je risquerais d'avoir des conséquences fâcheuses. J'entraînerais ma famille dans une situation délicate. Il faut donc être ferme. Qu'il se débrouille sans moi ! Le départ de tous les amis était source de soucis. Surtout quand nous sommes dans une situation d'apatrides. Malgré l'importance de cette amitié, ce n'est pas une raison de nous engager dans une voie périlleuse. Il faut savoir dire non et ne pas revenir sur la décision. Il a beau être mûr, beaucoup plus âgé que moi, mais il ne réfléchit pas sur tous les détails. Comment peut-on demander à un homme de raisonner comme une femme ? Mon père disait sans cesse que les femmes sont astucieuses et plus audacieuses que les hommes. Quant à cette audace, il faut savoir la choisir. Pas n'importe laquelle. »

L'entretien avec Monsieur RH est un dialogue dans le vide. On n'a pas grande chose à se dire. Chacun médite de son côté. Maly continue sa réflexion :

« Un jour il m'avait dit : *ne faîtes pas de politique. Je vous vois crier sur les Champs Elysées*. S'agit-il d'une plaisanterie ? C'est vrai, au Cambodge, j'ai été dans la politique. Mais cela était indépendant de ma volonté. J'avais choisi les sciences, puis l'enseignement. Mais le destin avait mis la plume dans ma main pour servir la patrie. On ne peut pas aller contre la décision de celui-ci. Au Vietnam, personne ne connaît mon passé. Les religieux me traitaient comme un enfant. Il n'y a que ce Monsieur qui a l'air de me voir dans le passé. Après tout, il pourrait être un médium, puis, il m'a vue crier sur les Champs Elysées. Il en avait parlé sérieusement sans rire. Je n'avais pas ri non plus. La politique n'est pas ma vocation. »

*

La vie à la pagode continue dans la monotonie. Le soir, les gens se réunissent en petits groupes. Madame Chhuor discute avec les autres femmes. Sethy se trouve dans le groupe de jeunes gens. Vanna a quitté la pagode pour aller vivre avec son mari. La cohabitation avec cette femme était agréable. On discutait tout le temps. Ses enfants étaient adorables. Maintenant les Chhuor disposent d'une pièce pour eux seuls. En ce moment d'épreuve, il faut se contenter de toutes les petites chances afin de ne pas trop assombrir la vie.

Auparavant, respectant leur engagement avec le conseiller culturel, les jeunes filles Chhuor lisaient sans but. Cette fois, ce n'est plus pareil. Le départ pour le pays d'accueil est certain. Ce n'est qu'une question de temps. La lecture devient dès lors leur motivation. Les trois sœurs prennent chacune un ouvrage. On échange des idées sur différents thèmes : la méthode pour rester jeune, comment il faut soigner les cheveux, mais aussi de la littérature. Elles réfléchissent : ce n'est pas par ce que l'on est réfugiée que l'on doit se laisser aller. La vie est longue devant nous. Il faut entretenir notre corps et notre esprit. La relation avec les autres est très importante. Il importe de faire très attention. Involontairement, on pourrait commettre des erreurs. La bienséance est propre à chaque pays. On ne va pas appliquer celle du Cambodge en France. La politesse de l'un devient l'impolitesse pour l'autre. L'ouvrage concernant le savoir-vivre du monde nous ouvrira les yeux.

Maly lit. Puis commente à haute voix :

- Dans un certain pays, pour conclure un engagement, chacun doit cracher par terre.

- Au Cambodge, répond Rundy, ce geste est une provocation pour déclencher le conflit. Tout le monde ne fait pas ça.

- Dans un pays asiatique, continue Maly, lors de la conversation, il faut honorer la femme et les enfants de l'interlocuteur en disant : *votre excellente épouse, vos merveilleux enfants*. Pour les siens, il faut les dévaloriser en déclarant : *mon idiote de femme, mes imbéciles d'enfants*.

- C'est un peu exagéré, commente Chak Riya.

- Les Vietnamiens sont tellement polis qu'à côté d'eux les autres deviennent impolis.

C'est le tour de Rundy de prendre le relais pour le savoir-vivre français.

- Une femme ne doit pas se lever pour saluer un homme. Il faut tendre la main sans quitter le siège.

Chak Riya intervient :

- Nos gestes n'étaient pas conformes à ces règles. D'abord, nous n'avons jamais tendu la main à quelqu'un : au Cambodge, on ne serre pas la main d'une femme. Puis chez les amis, nous nous levons tout le temps.

- Mais, répond Maly, ces règles de savoir-vivre ne sont pas pour nous. Nous devons nous lever : nous ne sommes que des réfugiées et non des dames de haute société. D'ailleurs, dans notre savoir-vivre, rien n'a été précisé à ce sujet.

Rundy continue la lecture :
- Au cours d'un entretien dans un bureau, une femme ne doit pas quitter l'hôte brusquement. Mais il faut se retourner et regarder l'interlocuteur en souriant.
- Tiens, je vais m'entraîner, dit Chak Riya.

Elle se dirige vers la porte, fait semblant de l'ouvrir pour partir. Puis se retourne en lançant un charmant sourire. Toutes les trois se tordent de rire. Comme toujours, elles sont à la fois adultes et enfants. Cette flexibilité d'esprit leur permet de mieux supporter la tragédie. Au Cambodge, elles passaient leur temps à observer les scènes de la vie. Puis elles créaient un théâtre des *candides*, des *intelligents*. Leurs frères aînés se cachaient pour rire. Parfois ils faisaient des réflexions : « Vous vous comportez comme des enfants. » Sérieuse et dévouée, Mony regardait ses aînées s'amuser. Seila et Sethy ne faisaient aucun commentaire. Comme tous les jeunes polis, ils ne se permettaient pas de critiquer leurs aînés.

Malgré la tragédie, les trois sœurs continuent à jouer la comédie pour lutter contre les épreuves. Elles rient, rient. Rire est une thérapie. Au moment où elles rient, au Cambodge, les membres de leur famille ainsi que leurs compatriotes subissent la tyrannie, voire sont en train de mourir. Il faut donc s'arrêter de rire. Les survivants sont condamnés à souffrir toute leur vie. La blessure est une plaie ouverte. Leur mémoire a stocké des images tragiques. On ne pourra les effacer que si l'on devient amnésique.

Chapitre 13

Guerre entre le Cambodge et le Vietnam

Selon une rumeur, les réfugiés devraient faire le choix : aller au Cambodge ou à la zone économique nouvelle. Les deux conditions sont effrayantes. Ils préfèrent aller au Cambodge. Mais pas tout de suite. Les réfugiés redoutent l'arrivée des deux évènements. Ils décident de dire qu'ils vont partir pour la France. Peu de temps après se produit une autre rumeur : tous les réfugiés de la pagode seraient évacués vers les pays d'accueil. Aussi les autres réfugiés, n'habitant pas cet endroit, essayent-ils de venir s'inscrire à la pagode. Mais il n'y a plus de place disponible.

La guerre est déclenchée entre le Cambodge et le Vietnam. N'ayant aucun avis, les Cambodgiens ne font aucun commentaire à ce sujet. Les soldats vietnamiens viennent parfois contrôler les mouvements à la pagode.

Grand-père aux cheveux blancs, un Vietnamien du Cambodge, actuellement employé du 3ème quartier, est responsable de la pagode. Il vient à cet endroit chercher celles qui savent danser et des vêtements destinés à la danse classique khmère. Mais, on ne peut pas lui rendre service à ce sujet. Les danseuses étaient entraînées dès l'âge de cinq ans au palais royal. A la chute de la monarchie, l'entraînement se passait à l'école de beaux-arts. Ce ballet royal, remontant à plus de mille ans, n'était pas à la portée de tout le monde. Sa discipline était très rigoureuse. Chaque geste était codé et avait une signification. Les tenues étaient raffinées. La musique harmonieuse. Sur scène, nous avions l'impression de voir ces danseuses descendre du ciel pour nous montrer la grâce divine. A l'époque angkorienne, il y avait des milliers *d'apsaras* (danseuses célestes). L*eur* coiffure était un art. Pour que ces *apsaras* demeurent pour l'éternité, les anciens les ont gravées sur la pierre aux temples d'Angkor. La danse était mythique, légendaire et mystique.

Rodin reçut un véritable choc en découvrant en 1906 les danseuses cambodgiennes. Cette révélation lui permit de réaliser de merveilleuses aquarelles. Il écrivait à son ami, expliquait au journaliste :

« *Ces Cambodgiennes nous ont donné tout ce que l'antique peut contenir, leur antique à elles, qui vaut le nôtre. Nous avons vécu trois jours d'il y a trois mille ans. Il est impossible de voir la nature humaine portée à cette perfection...*

J'ai dessiné avec un plaisir infini les petites danseuses cambodgiennes qui vinrent naguère à Paris avec leur souverain. Les gestes menus de leurs membres graciles étaient d'une séduction étrange et merveilleuse...

Je viens de Marseille, j'ai dessiné les Cambodgiennes. J'ai vu bien des choses nouvelles pour moi, que la nature est plus grande et plus variée qu'on ne le pense en forme et en pensée, et que l'âme peut se plier à différentes adorations.

Je les ai contemplées en extase... Quel vide elles m'ont laissé !... Je les ai suivies à Marseille, je les aurais suivies jusqu'au Caire.

Ce qui surtout m'étonnait, c'était de retrouver dans cet art d'Extrême-Orient, inconnu de moi jusqu'alors, les principes même de l'art antique. Devant des fragments de sculpture très anciens, si ancien qu'on ne saurait leur assigner une date, la pensée recule en tâtonnant à des milliers d'année vers les origines : et tout à coup la nature vivante apparaît, et c'est comme si ces vieilles pierres venaient de se ranimer ! Tout ce que j'admire dans les marbres antiques, ces Cambodgiennes me le donnaient, en y ajoutant l'inconnu et la souplesse de l'Extrême-Orient. Quel enchantement de constater l'humanité si fidèle à elle-même à travers l'espace et le temps ! »

Les réfugiés ne comprennent pas pourquoi grand-père aux cheveux blancs venait chercher les danseuses ? Quel est le rapport entre la danse classique et la guerre ?

Chapitre 14

Visites à la pagode

La pagode accueille la visite de trois occidentaux. Une femme et deux hommes. Ils viennent certainement voir la vie des réfugiés. Parmi ces trois personnes il y a Monsieur T. Ne voulant pas se faire remarquer, Maly, Rundy et Chak Riya hésitent à se montrer. Mais se cacher devient une incorrection. Un instant après, elles décident de se présenter pour leur dire bonjour. Une surprise ! Les deux autres personnes saluent les trois sœurs selon la tradition cambodgienne en joignant les deux mains. Cela prouve qu'ils étaient au Cambodge. A leur départ, un réfugié fait savoir que parmi les trois visiteurs, deux sont mari et femme. Ils étaient délégués de la Croix Rouge Internationale au Cambodge de l'ancien gouvernement. Les trois sœurs passent chez Monsieur T pour avoir plus de renseignement. Celui-ci dit :

- Je les ai emmenés à la pagode afin qu'ils voient la vie des réfugiés. Ils sont délégués de la Croix Rouge à Hanoi.
- Pourrions-nous aller les voir ?
- Bien sûr, ils sont logés dans un l'hôtel.

Les trois Chhuor ne tardent pas à aller les contacter. Mais le monsieur dit: « Nous n'avons aucun pouvoir. »

D'une grande bonté, sa femme suggère : « Fais quelque chose. »

Quelques jours après, les réfugiés de la pagode sont contents de l'arrivée d'un autre occidental. C'est un quinquagénaire habillé en blanc, sympathique et distingué. Il sourit aux enfants qui le regardent avec curiosité. A son départ des réfugiés discutent :

- La pagode commence à avoir la visites des occidentaux.

- Le monsieur qui vient de partir est le consul général de France.
- Il fera certainement quelque chose pour nous.

Maly, Rundy et Chak Riya apprécient la qualité humaine de Monsieur T. Au début, il s'est montré froid, voire hostile. Finalement, c'est un brave homme, sensible au drame du peuple khmer. Il ne faut donc pas juger quelqu'un. Parfois l'apparence est trompeuse. Cet homme ne se conduit plus comme auparavant. Son comportement et ses paroles sont plus souples. Les trois sœurs ont changé, peut-être, elles aussi. Il se trouve que nous ne voyons pas nos défauts.
Il faut aller voir de temps en temps les amis. L'amitié est comme une plante. Elle a besoin d'être arrosée. Mais mettre trop d'eau peut la détruire. Il importe de choisir la juste dose. Les trois sœurs se rendent chez Monsieur RH. Maly annonce :
- Monsieur T a emmené des délégués de la Croix Rouge à la pagode.
- Je veux visiter la pagode, répond-il.
Ne pas savoir se taire, voilà le résultat. Maly a déjà refusé deux fois. Trois fois paraît trop. Après tout, il faut l'emmener voir la vie des réfugiés afin qu'il puisse témoigner au congrès de l'ONU. Cela ne risquera rien. Cependant, elle se demande : « Pourquoi moi ? Et pas les autres. Au Cambodge, j'étais épuisée par le travail avec de lourde responsabilité. Pourquoi le destin ne veut-il pas me laisser tranquille ? »
Elle dit : « Je vais demander l'autorisation pour vous. »

Cette demande d'autorisation pour visiter la pagode est très facile. Au Cambodge, Maly connaissait le grand-père aux cheveux blancs depuis longtemps. Voulant aider la jeune fille, celui-ci donne son avis.
- Ne continuez pas à vivre à la pagode. Mariez-vous avec un Vietnamien haut placé. Il sortira votre famille de cet endroit.
- Je vous remercie. Nous allons partir pour la France.
Elle lui explique l'objet de sa visite :
- Monsieur, un Occidental est attiré par le bouddhisme. Il souhaite visiter la pagode.

- Pas de problème. Il viendra quand il voudra.

Le jour venu, avec le grand-père aux cheveux blancs, Maly emmène l'homme de l'ONU à la pagode. Puis, le grand-père prend la clé pour ouvrir le temple où se trouve la statuette de Bouddha.

- On n'a pas le droit d'entrer dans le lieu sacré sans se déchausser, explique Maly à Monsieur RH.

Affable, le grand-père intervient :
- Pour les étrangers, on fait une dérogation.

Les trois personnes entrent dans le temple. L'objectif de l'homme de l'ONU, c'est la vie des réfugiés et non le lieu sacré. Mais il fait semblant de s'y intéresser. Maly se prosterne devant la grande statuette de Bouddha de deux mètres de hauteur. Sortant du temple, le regard de Monsieur RH se dirige sur la scène de vie des réfugiés. Il en est ému. Mais pour les réfugiés, ce n'est guère dramatique. Il demande :
- Pourrais-je prendre des photos ?

Maly explique au grand-père. Ce dernier n'est pas tellement âgé. Mais pour les Cambodgiens, le mot grand-père marque le signe de respect.

- Ce Monsieur désire prendre des photos en souvenir.
- C'est interdit, répond-il toujours poliment.

Les réfugiés sont attirés par la visite de l'homme de l'ONU. Tout le monde ne le connaît pas. Il va recevoir certainement des réfugiés. Mais ce n'est pas son souci. Il est venu pour cela. Il a déclaré qu'il a beaucoup d'argent. Son émotion à l'égard du spectacle de la pagode nous rend mal à l'aise. Les frères aînés de Maly ne cessaient de répéter : « Il ne faut pas accepter la pitié d'autrui. Lorsque quelqu'un a pitié de toi, cela signifie que tu es en position de faiblesse. » Mais cette idée fière était du passé. A présent, tout a changé. La roue tourne.

Avril 1977, c'est le deuxième anniversaire de l'invasion du pays par des Khmers rouges : l'errance pour la descente vers l'enfer. Avril remue la plaie déjà ouverte. Cette année, il n'y a plus de fêtes de *Chaul Chnam* (nouvel an khmer) à la pagode.

Mais, un événement agréable survient chez les Chhuor. Le consulat de France les convoque en vue de remplir des formalités. Les choses évoluent dans le bon sens. Il faut espérer en la vie. On voit la porte de sortie s'ouvrir progressivement. Ils sont considérés parmi des gens privilégiés. Il faut reconnaître qu'il n'y a pas de jalousie au sein de la pagode. Mais on vous apprécie davantage.

Les trois sœurs se rendent chez Monsieur S pour lui annoncer la bonne nouvelle. Tout content, celui-ci s'exclame : « Parisiennes sur la place de la Concorde ! » Pour lui, à Paris, les Chhuor seront quelqu'un. Mais elles ne sont pas aussi optimistes. Les amis ont toujours des visions trop larges. Ils nous surestiment. L'homme de l'ONU a imaginé que Maly criera sur les Champs Elysées. Mais, crier ? Pourquoi ? Quant à Mademoiselle Piat : « Les Chhuor sont les réfugiés les plus gâtés. » Pour Madame N, l'épouse du pasteur : « La famille Chhuor est consacrée » Il faut rester nous-même, sinon nous finirions par devenir narcissique. En visant trop haut la chute sera grave.

Chapitre 15

Soucis

Sethy est très courageux. Malgré son courage, il est obligé d'arrêter son commerce de gâteaux. Il y a trop de concurrence. En province on ne trouve pas assez de consommateurs comme à Saigon. Les Chhuor retombent dans une situation difficile. Sethy ne ramène plus le seau rempli d'argent comme auparavant. Rien ne dure.

Les trois sœurs se concertent pour chercher la solution.

- Parler d'argent à quelqu'un est chose humiliante et difficile. Il faut écrire au père Jacques de Leffe. Les religieux chrétiens sont riches.

- Mais l'attente du secours du prêtre est trop longue. Nous avons besoin d'argent dans l'immédiat. L'autre jour, Monsieur RH a dit qu'il a beaucoup d'argent. C'est sous-entendu qu'il pourrait nous aider. Il attend, peut-être, un mot de nous.

- C'est délicat d'en parler. Nous lui demanderons de nous aider à vendre notre bague.

- Un jour, nous n'aurons plus rien à vendre. A ce moment là, nous serons obligées de nous abaisser. Mais, peut-être un autre événement se produira.

- Le père L avait offert des dons aux autres réfugiés. Mais sous prétexte que nous étions gâtés par le pasteur, il n'avait pas envie de nous aider. Il faut donc lui écrire également. Il ne pourra pas refuser.

Les trois sœurs mettent en œuvre leur projet. Elles se rendent chez l'homme de l'ONU, lui exposent le problème. Prenant la bague, il dit « diamant ! » Puis, il sort des billets en recommandant : « Venez me voir quand vous n'aurez plus d'argent. »

Elles quittent cet homme sans oser lui poser de question. Puis elles discutent :

- Cet argent nous permet de résoudre le problème pour un certain temps. Il faudra donc passer voir Monsieur RH souvent. C'est difficile de venir chez quelqu'un tout le temps pour lui réclamer de l'argent.
- Avec un homme peu bavard ce n'est pas facile.
- Il faut donc deviner sa pensée.

Enfants, Maly, Rundy et Chak Riya jouaient souvent à deviner la pensée de l'autre. Une des trois se concentraient sur un objet. Deux autres devaient deviner. Leurs frères aînés faisaient la réflexion : « C'est un jeu de fous ! » En grandissant, elles entendaient souvent les mêmes propos. Ils ne cessaient de répéter : « Toutes les trois vous vous ressemblez. Vous êtes solidaires, le trio bizarre ! »

Jadis, les taquineries, l'humour, étaient omniprésents dans la famille Chhuor. On entendait tout le temps rire. Il n'y a plus de père, ni de frères aînés. Il n'y a plus de taquinerie, ni de rire. A présent, les trois jeunes filles sont entourées d'hommes qui sont des étrangers. Ils sont différents. Il faut donc s'adapter à tous ces hommes. En fait, ils sont des frères planétaires. Comme la vie est étrange !

L'étrangeté s'est passée déjà au Cambodge. Dans sa vie professionnelle, Maly était seule parmi des hommes militaires. Son ministre, un quadragénaire, avait presque le même caractère que Monsieur RH. Ce ministre était calme, chaleureux, peu bavard, très humain et tolérant. Sa modestie était remarquable. Il n'élevait jamais sa voix. La différence avec Monsieur RH, il n'avait pas d'humour. Cela était normal. Un ministre ne doit pas plaisanter avec ses inférieurs. C'était la guerre. Ce n'était pas le moment de plaisanter. Tous les jours elle devait aller voir son ministre, lui apporter le projet qu'elle avait écrit. Personne ne parlait, sauf s'il y avait des choses exceptionnelles.

De nouveau, sur une autre terre, dans d'autres conditions, ses sœurs et elle-même sont entourées d'hommes. S'agit-il de l'écriture du destin ?

Chapitre 16

Amitiés

Madame Chhuor était solide, très courageuse. Jadis, en temps de paix, elle était capable de rester souvent jusqu'à l'aube pour terminer son travail. Sa belle-mère lui confiait les tâches de responsabilités pour la gestion des affaires.

La séparation de son mari et de ses enfants, causée par le régime génocide, la rongeait à petit feu. La vie précaire est un facteur destructif supplémentaire. Les enfants n'entendaient jamais leur mère se plaindre. Ce silence détruit l'intérieur. Sous la domination des Khmers rouges, elle était plus forte que ses filles tant sur le plan physique que moral. Cependant, même le rocher peut être attaqué par les gouttes d'eau. A présent, Madame Chhuor est malade. Elle s'étouffait souvent. Ses enfants étaient soucieux. La petite Sokunthea aussi avait le même problème de santé. Parfois, elle s'étranglait. Les trois sœurs emmènent leur mère et leur sœur au dispensaire. Mais il n'y a pas de remède miracle pour guérir cette maladie causée par un océan de chagrin.

Rundy et Chak Riya vont au service d'immigration. Elles racontent leur souci à Mademoiselle Traing :
- Notre mère et notre petite sœur sont malades. Aidez-nous à avoir les visas de sortie rapidement.
-Amenez les donc ici.
Les trois sœurs emmènent leur mère et leur petite sœur pour les montrer à Mademoiselle Traing. Très fatiguée, Sokunthea s'allonge sur la banquette.
Mademoiselle Traing explique :
- Faites établir les certificats médicaux par un médecin.
Les trois sœurs cherchent tous les moyens. Monsieur RH, l'homme de l'ONU, leur conseille : « Au consulat il y a un

médecin. Il s'appelle docteur Ph. Demandez à Monsieur T d'intervenir. » Mais Monsieur T ne peut pas rendre ce service. Il dit : « Le médecin du consulat ne soigne que les Français. »

Il faut retourner voir Monsieur RH. Il décide : « Je les emmènerai voir un médecin vietnamien. » Ce médecin est morose. Il s'agit sans doute d'un médecin de l'ancien régime. Il rédige les certificats. Mais au service d'immigration, Mademoiselle Traing juge que ces certificats ne sont pas conformes. Il faut donc retourner voir le médecin qui a établi ces certificats. Ce dernier se met à hurler comme un lion blessé. Un homme qui rugit de cette façon, du jamais vu. Perdant la raison, l'homme devient un robot. Voilà une journée mal déroulée.

*

Les trois sœurs n'ont plus d'énergie. Quand la lassitude nous envahit, il n'y a que le repos qui puisse nous apporter de l'éclairage. Restées assises, elles ne se parlent même pas. Le silence règne dans la salle. La porte de la pièce s'ouvre, Sethy rentre en souriant. Sa mère et ses sœurs se demandent comment peut-il sourire à un tel moment ? A-t-il perdu sa raison ? Non, il est lucide. Il sort des billets de sa poche. Puis il les montre à sa famille.

- Comment as-tu fait pour avoir une telle somme ?
- J'ai fait l'intermédiaire pour la vente d'une grosse moto.

*

Les trois sœurs se distribuent les tâches. Maly passe au service d'immigration afin d'apporter les certificats médicaux à Mademoiselle Traing, Rundy à la bibliothèque, Chak Riya reste près de la mère et la petite sœur.

Au service d'immigration, Maly est assise à côté d'un jeune homme : un eurasien, un Franco-vietnamien certainement. A voix basse, celui-ci lui demande : « Pourriez-vous sortir un peu à l'extérieur ? » Si c'était en temps normal au Cambodge, elle n'avait aucune raison de suivre la proposition d'un homme.

Mais la situation a changé. Sans se poser de question, elle part avec lui. Il cherche un coin isolé du regard d'autrui. Puis, il sort un paquet d'argent de sa poche. Il dit :

- Je vais partir pour la France bientôt. Permettez-moi de vous offrir cet argent qui ne me sera plus utile.

- Je vous remercie beaucoup.

- Chez moi, il y en a beaucoup. Si vous voulez bien y aller, je vous l'offrirai tout.

- Non, merci. Je n'ai pas le temps.

Quelle étrangeté ! Vous êtes dans la précarité. On vous offre de l'argent avec respect, du bon cœur, sans condition. Pourquoi refuser un tel cadeau ? Dans une situation normale, cela se discute. C'est déplacé de recevoir de l'argent d'un inconnu. Mais à présent, elle considère que c'est une chance. Elle rentre à la pagode épanouie. Rundy rentre de la bibliothèque. Elle, aussi, est contente. Elle annonce : « J'ai vu de loin Monsieur H, le conseiller culturel. Mais il ne m'a pas vue. Il va nous contacter certainement. »

Maly sort les billets.

- Un Eurasien m'a offert cet argent. Il va partir pour la France. Il m'a dit que chez lui il y en a beaucoup. Mais ce n'est pas raisonnable d'y aller.

-Tu as bien fait, cela pourrait être un piège, dit Rundy.

- C'est vrai, ajoute Chak Riya, il ne faut pas se précipiter sur l'argent.

- Il a l'air correct, explique Maly, c'est un jeune homme respectueux. Mais il ne faut pas nous fier à l'apparence. D'ailleurs, si nous allions chez lui, il pourrait nous mépriser. Malgré la précarité, il faut avoir de la dignité.

*

A la pagode, tout devient curiosité, tout se sait. Le bruit court plus vite que la vitesse de la musique. Dans cette vie sans repère, on s'intéresse à tout et à rien. Un Asiatique étrange entre à la pagode en grosse moto, un Vietnamien certainement. Tout le monde le regarde. Cette fois ce n'est plus le facteur. Mais quelqu'un de bien habillé. Il est en costume. Il fait chaud.

On ne voit presque personne en cette tenue dans la rue. Que cherche-donc cet homme ? Il descend de son véhicule :
- Je cherche les demoiselles Chhuor !
- On cherche les demoiselles Chhuor ! s'exclament les réfugiés.
Il apporte une missive.
Les trois sœurs s'exclament :
- Une lettre de Monsieur H, le conseiller culturel.
- Il nous a fixé un rendez-vous au bureau de Monsieur M.
Les trois sœurs se rendent au lieu de rendez-vous. Toujours chaleureux, Monsieur H leur dit :
- J'ai parlé de vous trois à Monsieur le consul général. Maintenant que puis-je faire pour vous ?
- Nous vous remercions infiniment d'avoir pensé à nous. Nous avons le certificat d'hébergement.
- Je serai content de vous revoir en France.
- En ce moment, nous sommes accablées par un grave problème : notre mère est malade.
- Je l'emmènerai voir le docteur Ph du consulat. Mais l'entrée principale du consulat est sous le contrôle des militaires vietnamiens. Vous n'avez pas le droit d'y entrer. Dans ce cas, votre mère et une de vous, serez avec moi dans la voiture CD (corps diplomatique). Nous devrons passer par une autre issue.
Au moment où vous êtes dans un profond désarroi, les secours arrivent. C'est une incroyable histoire. Un phénomène inexplicable. Un miracle ? Maly et sa mère se trouvent enfin dans la voiture CD avec le conseiller culturel. Les trois arrivent au cabinet de consultation. Le docteur Ph est un jeune médecin. Il ne dépasse pas trente ans. Mais selon des statistiques, les médecins et les artistes font plus jeunes que leur âge. Son air sérieux dépourvu de sourire lui donne une apparence plus mûre que son âge. La bonté se dévoile sur son visage. Il assure : « Ce n'est pas grave. Il s'agit de l'angoisse. »
D'une très grande générosité, le conseiller culturel ajoute :
- Quand vous aurez des soucis, vous pourrez compter sur le docteur Ph.

- Tenez, assure le médecin, des médicaments pour votre mère et mon numéro de téléphone.

La relation avec le docteur Ph ne se limite pas au soins médicaux. Madame Chhuor est déjà presque guérie d'être entourée d'une telle chaleur humaine. La vie n'est pas toujours obscure. Dans le malheur, on peut rencontrer des cœurs nobles.

Chapitre 16

Communication

Aujourd'hui, la famille Chhuor a la chance de recevoir une lettre. C'est de la part de Monsieur NGAU.

En France, la Croix Rouge emmène les réfugiés qui n'ont pas de famille dans un centre d'accueil. Dès que vous serez en France, vous n'aurez pas de soucis.

Les Chhuor discutent :
- C'est une bonne nouvelle. Il vaut mieux être dans un centre d'accueil avec des réfugiés que d'être à la charge d'un particulier.
- Mais le père Jacques de Leffe avait écrit : « On s'occupera de vous. Vous serez logés et nourris. » Comment pourrons nous trouver ces braves personnes ?
- Ce n'est qu'une question de temps. Nous avons déjà écrit au prêtre.

N'ayant aucune intention d'être à la charge d'une personne, les Chhuor sont soulagés par l'annonce de Monsieur NGAU. L'avenir ne posera pas de problème. Trois portes de sortie se présenteront devant eux : le centre d'hébergement, la relation du père Jacques de Leffe et les Etats-Unis.

*

Sachant que les Chhuor sont confrontés à des difficultés financières, Monsieur RH leur donne de l'argent sans attendre leur demande. Il n'a jamais évoqué l'histoire de la bague. On ne sait pas ce qu'il en pense. Les trois sœurs n'osent pas aborder ce sujet. Un mot maladroit peut tout détruire. Une fois Maly a eu la bêtise de lui poser une sotte question : « Avec vos yeux bleus, comment voyez-vous la vie ? » Il n'a pas répondu. D'habitude il souriait. Mais pas avec cette question. Il devenait sévère. Pour lui, il s'agissait d'une moquerie, voire un mépris. Quand on a commis une erreur, il vaut mieux se taire. Plus on essaye d'arranger les choses, plus on aggrave la situation. Jadis, la science était le centre d'intérêt pour Maly. Malgré le deuil pour le savoir, il en reste toujours quelque chose en elle. La couleur des yeux évoque la notion des gènes dominants et récessifs en cours de génétique. C'était Mendel qui a eu l'idée de faire les expériences en croisant des petits pois de graines lisses et ridées. Il avait constaté que les caractères lisses sont liés au gène récessif, ridés, au gène dominant. Quant aux yeux bleus, ils portent des gènes récessifs, bruns, dominants.

Les sciences nous rendent bizarre. Nous aurions tendance à vivre à travers celles-ci. Quand nous voyons des roches, nous pensons à leur origine : granitique, volcanique, sédimentaire... Pour des fleurs, leur famille : graminée, papilionacée, composée... Les frères aînés faisaient des réflexions :

« Les autres personnes n'ont pas besoin de connaître la famille des fleurs et des animaux. Toi, quand tu prends une fleur, tu passes à la méditation. »

Un jour, rentrée de la conférence donnée par l'inspecteur académique, elle répéta le propos de celui-ci :

- Le métier d'enseignant est un noble métier. Les enseignants ont un rôle important : la transmission du savoir.

Kuong, le second frère, qui était ingénieur, donna son opinion :

- A ton avis, les autres métiers ne sont-ils pas nobles ? Les ingénieurs sont responsables de la vie des gens. Par exemple pour la construction des ponts ou d'autres choses ils n'ont pas droit à l'erreur de calcul.

Eng, le premier frère faisait des études de droit. Il avait son mot à dire :

- Un pays sans loi c'est l'anarchie.

Thân, le troisième frère ne s'intéressait pas à ce débat. Il adorait le sport et le 7ème art. Rundy et Chak Riya se préparaient pour choisir un métier. Mony était trop jeune pour y penser. Seila et Sethy passsaient leur temps à faire de la natation, du judo et de karaté. Quant à Sokunthea, elle imitait les autres en prenant des livres tout le temps

Grâce à leurs frères, Maly réalisait que tous les métiers sont nobles. Ce n'est pas la peine de dire que l'on exerce la plus noble des professions. Dans la société, l'un a besoin de l'autre. Depuis leur enfance, les jeunes filles Chhuor étaient guidées par leurs frères aînés. Ils leur enseignaient les mathématiques, le français. Ils leur racontaient des contes occidentaux. On discutait sur divers sujets : politique, littérature, us et coutumes... Et on riait. Mais on ne riait pas tout le temps non plus. Dans la vie, il y avait des hauts et des bas. A présent, les sœurs Chhuor sont aidées par des hommes de nationalités différentes. Mais rien ne peut remplacer nos frères. Ils sont tolérants, patients, compréhensifs, dévoués. Nous grandissons ensemble. Avec les autres, nous devons faire attention à tous : mots, gestes etc. Un mot, une curiosité, même scientifique, pouvait provoquer la rupture diplomatique. Cette rupture entraînait la cessation de l'aide. En ce moment, les Chhuor ont besoin d'être aidés. C'est une condition imposée par le destin.

Le rire aussi est nuisible. La communication entre les hommes, de surcroît d'origines différentes, n'est guère facile. Au collège des jeunes filles, Mademoiselle T, professeur de français, avait parlé un mot cambodgien. Les élèves étaient contentes d'entendre une Française parler leur langue. Elles se mettaient à rire de joie. Cependant, Mademoiselle T interprétait cela comme une moquerie, voire un mépris. Elle était en colère, mais vraiment en colère. Elle qui était la plus gentille des professeurs étrangers et qui s'intéressait aux coutumes du Cambodge devenait désagréable. Elle disait : « Si je devais rire de vous qui parlez mal le français, j'aurais de quoi me pâmer. »

Le silence régnait dans la classe. Professeur et élèves étaient blessées. Mais pour des causes différentes. Mademoiselle T se sentait ridiculisée. Quant aux élèves elles étaient méprisées pour de vrai. Parler mal le français n'est pas de leur faute. Sinon tous les hommes de la planète seraient fautifs pour avoir parlé mal les langues étrangères. Comme on était dans un établissement national très prestigieux, la blessure était encore plus profonde. Pour rentrer en sixième au collège ou lycée de l'Etat, un examen était exigé. Un dur concours pour éliminer les autres afin de prendre la place. La vie n'est pas belle quand on est obligé de battre précocement les autres.

Toute sa vie, Mademoiselle T n'avait pas su qu'elle avait blessé une classe dite de têtes d'après les professeurs. Aucune élève de cette classe ne se prenait pour une grosse tête. C'était le professeur de la littérature khmère, homme bavard, qui leur disait : « Sachez bien, votre classe est une classe de têtes. Mais vous êtes révolutionnaires, très têtues… » Entendant ce propos, toutes les élèves touchaient leur tête dans un mouvement synchrone. Il y avait de quoi énerver certains enseignants aux nerfs fragiles. Cette révélation n'avait aucun effet sur les élèves. Cela ne leur procurait pas de fierté supplémentaire. Toutes les élèves de cette classe étaient simples sans se prendre au sérieux. Leur joie de vivre : espièglerie, solidarité et simplicité.

Le mot, le rire, les gestes pourraient être sources d'ennuis. En ce moment de malheur, les sœurs Chhuor riaient parfois entre-elles. Ce ne sont pas de vrais rires. Mais il s'agit de l'ironie du destin. En cette situation, on ne rit pas avec les autres. Ayant peur d'être méprisées, elles contrôlaient mouvements et paroles. Malgré cela, elles choquaient peut-être les amis étrangers. Elles aussi, étaient vexées pour des choses qu'il ne fallait pas. Mais le livre de savoir-vivre leur permet de comprendre un peu mieux les réactions des occidentaux.

Courir et courir est lassant. Il faut prendre un peu du recul. Dans le pays tropical, il fait très chaud. Une petite sieste de temps en temps est nécessaire quand on est épuisé. Les Chhuor se reposent. Au bout d'une demi-heure, tout le monde se réveille. Maly raconte à sa famille : « J'ai fait un rêve. J'ai vu venir Vanna. »

A peine, la phrase terminée, cette dernière arrive. Une incroyable histoire. Comment peut-on interpréter cela ? Il se passe toujours des événements inexplicables, surtout quand nous sommes noyés dans la tragédie. C'est au moment des épreuves que nous côtoyons les phénomènes paranormaux.

Maly explique à Vanna :

-Tout à l'heure je vous ai vue dans le rêve.

- En effet, j'ai pensé à vous tous.

- Comment vont les enfants et la démarche pour la France, demande Madame Chhuor.

- Mes enfants vont bien. Quant à la démarche pour la France, j'ai l'intention d'aller voir une voyante vietnamienne renommée. C'est une femme pieuse. Elle ne pratique pas la divination pour l'argent. Les consultants offrent ce qu'ils veulent, en mettant de l'argent dans une urne. Si Maly veut bien aller avec moi, je ferai la traduction.

- Je veux bien aller avec vous, réponde Maly.

Les deux femmes quittent la pagode. En chemin, Vanna explique : « Nous devons prendre une petite branche avec des feuilles. Elle servira comme support pour la voyance. »

Les deux arrachent une petite branche. Au bout d'une demi-heure, elles arrivent à destination. La voyante, une quinquagénaire réservée et pieuse, ne parle presque pas. Chez elle, il y a de nombreuses statuettes de Bouddha et de nombreux objets religieux. Vanna dit à Maly de se présenter en premier. Quant à elle, elle traduit la prédiction :

« Vous êtes séparée de votre père. Votre famille partira à la fin de l'année. Vous ne pourrez partir que lorsqu'il y aura la perte de vos biens. On vous enverra de l'argent pour préparer votre voyage. »

De retour à la pagode, Maly raconte à sa famille :

- La prédiction est juste. La voyante a dit que nous sommes séparés de notre père. Nous partirons à la fin de l'année. Par contre, nous ne pourrons partir que dès qu'il y aura la perte de nos biens. Cependant, on nous enverra de l'argent pour préparer le voyage.
- Perte de nos biens ? De quelle manière ?
- Nous ne pouvons pas tout savoir.
- Pourquoi une telle condition ?
- Tout est mystère.
- Qui donc nous enverra de l'argent ?
- Laissons au temps d'accomplir sa mission.

Chapitre 18

Catastrophe

Les trois sœurs continuent les démarches pour la France en passant au service d'immigration avec les autres réfugiés. Ce lieu est toujours rempli de monde.

Samedi, 5 mai 1977, Maly va chez l'homme de l'ONU comme convenu. La porte s'ouvre. Une surprise ! Deux hommes en uniforme. Des policiers certainement. Ils ferment la porte avec précipitation. On se croit dans un film de thriller. Les uniformes ne font pas peur. Au Cambodge, dans son lieu de travail, elle était tout le temps avec des hommes en uniforme de militaire. Mais être enfermée dans une villa avec ces inconnus n'est pas une sécurité. De plus, ils parlent en riant. Il s'agit sûrement d'une moquerie. Elle s'efforce de parler quelques mots vietnamiens :
- Laissez-moi partir. Ma mère est malade.
- Cet homme est un médecin ? dit l'un en riant.

C'est dangereux de rester avec eux. Il faut chercher un moyen pour sortir d'ici. L'unique solution : énerver ces policiers. Au Cambodge, quand les Vietnamiens étaient mécontents, ils employaient une certaine expression. Il faut donc faire la même chose. Elle répète cette expression. Cela a marché. Elle a trouvé ce qu'il fallait. Les deux hommes sont fous de rage. Mais elle se demande : « Ai-je utilisé le propos le plus vulgaire, voire une insulte ? Prononcer des mots dont l'on ignore le sens c'est de la stupidité. Mais c'est trop tard. »

Ne pouvant plus supporter une personne aussi *désagréable* les deux hommes la font sortir sans tarder de la villa. Mais l'aventure ne s'arrête pas là. Ils lui ordonnent de monter dans une voiture où il y a deux hommes aussi. Vers quelque destination ? Elle n'en sait rien. De toute manière, elle n'est pas traumatisée. On se pose la question. Deviendrait-elle un robot insensible à tout ? Est-ce que des combats incessants l'immunisent ?

La voiture arrive à un endroit, un commissariat de police certainement. Les deux hommes la conduisent à une salle. Là, un policier est en train de questionner en vietnamien deux femmes. Elles sont sûrement des visiteuses de Monsieur RH. L'homme hurle ; les deux femmes sont terrifiées. Maly réfléchit : « A mon tour, il utilisera certainement la même méthode. Mais il n'y a pas de quoi à s'inquiéter. Il aura beau crier, je ne comprendrai rien. » Elle lance un regard interrogatif à cet homme. Une surprise ! Il répond par un sourire. Pour la rassurer certainement qu'elle n'aura pas le même traitement. C'est une histoire de fou. Du jamais vu, un homme à deux faces, crier et sourire en même temps. Il faut faire attention, cela pourrait être un piège. Elle lui lance de nouveau un regard pour vérifier. Il répond de la même manière : sourire. Cela veut dire quoi ?

Dans cette attente, elle est accablée par un profond souci. Rundy et Chak Riya iraient certainement chez l'homme de l'ONU pour chercher leur sœur. Toutes les deux seraient arrêtées, elles aussi. Les jeunes filles Chhuor seraient condamnées. C'est l'ironie du destin. Comment se terminera donc l'histoire des trois sœurs ?

Le policier finit d'interroger les deux jeunes femmes. C'est l'heure du déjeuner. Dans cette situation, ne pas manger ne pose pas de problème. Il faut être déséquilibré pour pouvoir avaler de la nourriture. L'homme qui criait et souriait s'approche. Il sourit. Avec gentillesse, il pose une question à Maly. Elle fait signe qu'elle n'a rien compris. Cette fois, utilisant le langage des gestes, il met ses deux mains sur son ventre. Elle répond « Oui » par le signe de la tête. Il dit quelque chose à une jeune femme, une policière. Celle-ci emmène Maly dans la salle à manger. Un instant après, la policière revient avec des plats délicieux. Mais en temps normal, ce sont des plats ordinaires : soupe aigre de poisson et d'ananas, poisson au caramel, et riz. Comme boisson : thé aux glaçons. Un vrai festin. La jeune femme dit à Maly de manger abondamment.

Puis, elle a un fou rire. Pour elle, c'est amusant de voir une jeune fille aussi calme, sérieuse, au commissariat. Maly ne sourit pas. Elle s'efforce de dire en vietnamien : « C'est très bon. » Ce qui fait rire davantage la policière. Une telle journée vous rend fou. Après le repas, il faut attendre. Elle attend, elle attend. Puis se demande : « Combien de temps me laisseront-ils ici ? Ma mère, mes sœurs, mon frère vont s'inquiéter. » Au bout de quelques heures, on la fait monter à l'étage supérieur, dans un bureau. Elle est accueillie par un homme qui parle parfaitement cambodgien. Il est difficile de savoir s'il est Vietnamien ou Cambodgien. On dirait un Cambodgien. Madame Chhuor répétait à plusieurs reprises : « Dans toutes les situations, même en temps de guerre, j'avais le sang froid. » Ses filles retenaient par cœur les récits de leur mère.

Cet homme n'a pas l'air aimable. D'un ton sec, il interroge :
- Pourquoi fréquentez-vous cet étranger ?
- N'ayant pas de parent ici, ce Monsieur est devenu un ami de ma famille.
- Vous-a -t-il donné de l'argent ?
- Au début non. Mais suite à la faillite de notre commerce, il a aidé un peu ma famille.

Un peu gêné, voire jaloux, il pose une question ridicule.
- Vous a-t-il dit qu'il vous aime ?

Cette question stupide donne envie de rire.
- Je n'étais pas la seule à aller chez lui. Il recevait de nombreuses femmes. Imaginez-vous, comment pouvait-il répéter cela tous les jours à toutes les femmes ?

Lui, aussi a envie de rire. Mais il essaye de se retenir.
- Avez-vous des militaires de Lon Nol dans votre famille. (Lon Nol, ancien chef d'Etat du Cambodge.)
- Non, nous sommes une famille de commerçants.
- Et vous que faisiez-vous ?
- J'ai été enseignante.
- Si ce que vous m'avez dit n'est pas la vérité, vous payerez.
- Si je n'ai pas dit la vérité, je payerai. Vous n'avez qu'à vous renseigner sur ma famille.

A tous les événements fâcheux, Madame Chhuor réagissait avec astuces. Ses filles pensaient que ces évènements périlleux ne se passaient qu'à la génération de leur mère. Mais nous ne pouvons rien prévoir dans la vie. Tout peut nous arriver.

L'homme devient plus détendu. Avec un peu de plaisanterie, il ajoute :

- Si vous continuez à fréquenter des étrangers vous serez punie.

- J'ignore que fréquenter des étrangers est interdit par la loi. Nous faisons des démarches pour partir pour la France. Comment devrons nous faire ?

Pour lui, Maly n'est pas une étrangère. Mais une sœur de race asiatique. Les étrangers sont des occidentaux, des blancs. L'interrogatoire terminé, il enlève son masque de sévérité. Avec le sourire, il conclut :

- A cause de cet étranger, vous m'avez fait perdre du temps à vous poser des questions.

Avec un sourire également, Maly répond.

- De même, vous m'avez dérangée. Ma mère, mes sœurs et mon frère s'inquiètent de ne pas me voir rentrer.

- Vous pouvez rentrer maintenant.

Il a envie de rire. Mais il essaye de se retenir.

*

Maly rentre à la pagode vers 15 heures. Affolée de ne pas voir Rundy et Chak Riya, elle court chez l'homme de l'ONU pour les empêcher d'y rentrer. Ne les voyant pas, elle passe au commissariat. Ses deux sœurs sont en train d'être interrogées par le même homme. Elle les attend. Après l'interrogatoire, les trois sœurs rentrent à la pagode. Maly raconte à ses deux sœurs l'aventure de la journée. Mais il faut cacher cette histoire à sa mère. Sa santé est délicate. Il faut la préserver des soucis.

Rundy raconte :

- Les réfugiés ont dit que ceux qui se rendaient chez Monsieur RH étaient en garde à vue. Ne te voyant pas rentrer, Chak Riya et moi sommes allées chez lui. La porte s'ouvre, nous voyons deux policiers. Sentant venir la catastrophe, nous courrons. Les deux policiers nous suivent pour nous rattraper. Nous prenons des ruelles. Ils ne nous lâchent pas.

Chak Riya continue :
- Ils nous mettent dans une voiture, nous emmènent au commissariat. Nous ne sommes pas seules. Il y a d'autres réfugiés de la pagode.

Rundy reprend :
- Le policier interroge les personnes arrêtées. Puis arrive le tour de l'ancien professeur. Avec une voix menaçante, ce policier lui demande depuis quand il fréquentait Monsieur RH. Le professeur dit que c'est la première fois qu'il allait chez l'homme de l'ONU. Il a connu l'existence de ce dernier depuis que celui-ci est allé à la pagode. Le policier questionne : « Qui a emmené cet étranger à la pagode ? » Le professeur est sur le point de dire que c'était toi. Mais en voyant mon regard sévère, il change d'avis. Il répond : « C'est le grand-père aux cheveux blancs. »

Maly passe une nuit bien agitée. Elle se demande : « Où est donc Monsieur RH ? Mais lui, sous la protection de l'ONU, ne risquera rien. C'est plutôt au sort de notre famille qu'il faut penser, elle n'est sous aucune protection.

La nouvelle journée commence. A la pagode, les gens parlent de l'histoire de l'homme de l'ONU. Bien des réfugiés ont été placés en garde à vue pour interrogatoire. Mais chacun fait semblant d'être une personne sans problème.

*

Les trois sœurs se réunissent pour chercher la solution.
- En l'absence de Monsieur RH, il y a le docteur Ph. Malgré sa gentillesse, on ne peut pas parler d'argent avec lui qui est jeune. Nous devons seulement lui téléphoner de temps en temps pour avoir des nouvelles.
- Il ne faut jamais raconter l'histoire de Monsieur RH aux amis français. Il est primordial de leur cacher notre aventure au commissariat. Ce n'est pas une bonne chose à diffuser partout.

- Il faut insister au service d'immigration pour qu'il nous donne les visas de sortie. On ne peut plus attendre trop longtemps.

- Continuons à fréquenter la bibliothèque pour montrer que nous avons des relations avec des étrangers, seulement pour le sujet culturel.

*

La vie est une succession d'événements. Les fleurs fanées sont remplacées par des nouvelles. Cela crée une éternité. Un ami s'en va, un autre arrive. Parfois, on se sent isolé du monde. Mais cela ne dure pas. Les trois sœurs ne voient jamais le docteur Ph sourire. Probablement, c'est une manière de partager le souci. La générosité se dégage de ce visage sérieux, voire triste. La jeunesse est en principe l'image de la pureté, couronnée de fleurs. En général, les jeunes n'ont pas encore trop vécu pour se heurter à l'amertume de la vie ou pour prouver leur vraie personnalité. Mais les jeunes Chhuor baignent dans un océan de tragédie. Ils n'ont donc pas de jeunesse. Le jeune médecin et les Chhuor se rencontrent toujours dans le parc de la bibliothèque pour discuter. Les trois sœurs montrent au jeune homme le certificat d'hébergement.

- Ou se trouve donc le domicile de notre répondante ? demande Maly.

- A la porte de Paris, répond le médecin.

Il réfléchit :

- Ne soyez pas tout le temps ensemble. Vous êtes remarquées par le nombre. Vous devez vous séparer.

- Merci de votre conseil.

- Téléphonez-moi toutes les semaines. Je me renseignerai au consulat pour vos visas d'entrée.

Rentrant à la pagode, Sethy est un peu affolé. Il dit :
- Je viens de sortir du commissariat de police. J'ai été arrêté pour avoir vendu les vêtements sur la place interdite. Mais une jeune réfugiée m'a aidé en expliquant aux policiers que je ne l'ai pas fait exprès.
- Il faut faire attention, nous sommes sur le point de partir pour la France. Tous les quatre, nous sommes allés au commissariat de police. Quelle aventure !

La réserve d'argent est presque épuisée. Les Chhuor ont encore des diamants pour survivre. Mais, il faut les vendre à qui ? Lorsque tous seront vendus, comment faire ? Sethy essaye de chercher de l'argent en faisant l'intermédiaire pour diverses ventes. Cela peut rapporter un peu.

Comme prévu, il faut passer à la bibliothèque. Cela ne signifie pas que l'on veut être cultivé. Juste pour donner l'apparence. En ce moment de détresse qui donc est capable de s'alimenter de la nourriture spirituelle ? C'est au tour de Rundy de se rendre à ce lieu culturel.

Enfin, elle y rencontre Monsieur T. Il lui dit : « Venez me voir, j'ai quelque chose pour vous. » Puis, à voix basse, il annonce : « De l'argent ! » Chak Riya et Rundy vont chez lui sans tarder. Il informe :
- Quelqu'un vous a envoyé 300 francs de France. Il s'appelle NG.
- C'est un nom vietnamien. Nous ne connaissons pas cette personne.
- De toute manière c'est pour vous.

Les deux sœurs rentrent à la pagode. La discussion est ouverte au sein de la famille.
- Qui est donc cet inconnu ? Nous ne connaissons aucun Vietnamien en France.
- Au moment de problème, le secours arrive. Avec cette somme nous pourrons vivre pendant un certain temps.

Chapitre 19

Illusion

Afin d'éviter d'être remarquées les trois sœurs se séparent. Maly passe seule au service d'immigration. Elle informe Mademoiselle Traing sur la gravité de l'état de santé de sa mère et de sa petite sœur. Cette longue attente n'est plus possible. Cette dernière répond : « Allez au Ministère des Affaires Etrangères pour expliquer votre problème. »

La Cambodgienne se rend au ministère concerné. L'accueil se fait dans la cour près de la porte d'entrée. Une jeune femme parlant français demande l'objet de la visite. Puis elle dit : « Je vais en parler au responsable. »

Un instant après, cette jeune femme sort avec un homme quinquagénaire, son responsable. Puis elle explique :
- Dès que vous aurez les visas d'entrée, Nous vous délivrerons des visas de sortie dans les trois heures.
- Pour accéder au consulat de France, répond Maly, il faut une autorisation. Pourriez-vous nous la procurer ?

La jeune femme traduit. Le Monsieur sort son stylo. Puis, écrit un mot.

Maly s'empresse de rejoindre ses sœurs. Elle annonce :
- Nous avons l'autorisation pour rentrer au consulat. Il faut aller toutes les trois pour bien connaître le lieu.
- C'est une chance pour nous. Tout le monde ne peut pas avoir ce papier.

Maly, Rundy et Chak Riya se rendent au consulat très tôt. Les militaires qui surveillent l'entrée de ce lieu sont sous le contrôle d'un chef. Ce dernier accueille les trois sœurs avec un grand sourire. C'est peut-être grâce au mot du ministère des affaires étrangères. Les trois jeunes filles lui répondent en

souriant discrètement. Au Cambodge, leurs frères aînés leur interdisaient de sourire bêtement :
« Vous ne devez pas sourire aux hommes peu connus. Même s'il s'agit de mes amis. »
« En leur adressant un sourire, les hommes peuvent faire diverses interprétations. »
Les trois sœurs se demandent :
- Comment bien des occidentaux ont-ils pu surnommer le Cambodge, pays du sourire ?
- Puisque chez nous, on doit sourire à bon escient.
- Nos frères n'avaient pas prévu un tel bouleversement. Tout ce que l'on trouvait bien ne l'est pas toujours. A présent, comme nous ne parlons pas la langue du pays, le sourire devient un véhicule.

Les frères Chhuor n'étaient pas les seuls frères vigilants. Bien des frères au Cambodge l'étaient. Une jeune fille avait raconté à Maly que son frère contrôlait tous les livres qu'elle lisait. Certains romans étaient interdits. Elle était donc obligée de les mettre à l'intérieur d'un cahier. Puis elle faisait semblant d'apprendre la leçon. Les frères Chhuor n'étaient pas à ce point. En outre, les jeunes filles Chhuor ne lisaient pas n'importe quoi. Souvent on discutait après la lecture.

Les trois sœurs rentrent au consulat. On leur dit que c'est en France que l'on décide pour les visas d'entrée et non à Saigon

*

Le temps coule d'une manière irréversible. Mais la vie des réfugiés tourne en rond. Pour les gens qui ont le certificat d'hébergement il faut attendre le visa d'entrée pour pouvoir obtenir le visa de sortie. Pour ceux qui n'ont rien, ils attendent le miracle. Tous les réfugiés se battent pour survivre. Ce combat après l'évasion est aussi extrêmement difficile. Les frères Chhuor connaissaient les histoires du monde, notamment le génocide en Europe dans les années 40. Mais ils n'avaient pas pensé que les Cambodgiens auraient le même sort. Les autres qui n'ont pas vécu la tragédie khmère auraient certainement les mêmes idées : la catastrophe au Cambodge n'arrive qu'aux Cambodgiens. Pour cela, les Chhuor jurent de raconter leur histoire. Même si celle-ci ne change pas le monde, mais au moins ils auront fait leur devoir de mémoire. Selon Voltaire, si chacun raconte son histoire dramatique, on ne se sent pas seul à porter les épreuves.

*

Au début, la relation était un peu tendue entre Monsieur T et les sœurs Chhuor. Le temps avait arrangé les choses. Au moment où tout se passe bien il annonce son départ. Il va partir pour un pays d'Asie. Mais il n'y a pas de raison à se donner du souci. Rien ne dure. Auparavant, il était un inconnu. Après, il partira. Mais nous enregistrerons son image dans notre mémoire en l'intégrant avec les autres. Notre cerveau est un lieu où se déposent les souvenirs comme une roche sédimentaire formée de couches superposées. Désormais c'est Monsieur S qui s'occupera des affaires des Chhuor. Il y a toujours quelqu'un qui prend en charge le destin de cette famille. Pourquoi ? On n'en sait rien. On dirait que tout est écrit.

*

L'absence de nouvelle ne signifie pas un oubli. Les Chhuor reçoivent une lettre du père L. Il a demandé le moyen pour faire parvenir l'argent. Les trois sœurs lui demandent de le virer sur le compte de l'un des amis français.

Comme convenu, les jeunes filles Chhuor téléphonent au médecin toutes les semaines. Cette fois, il les informe : « J'ai quelque chose pour vous. »

Elles se rendent au lieu de rendez-vous. Avec discrétion, ce médecin sort une enveloppe. Puis il explique : « Un journaliste français m'a donné cet argent. En Thaïlande, il avait rencontré des Vietnamiens qui ont fui le pays. Ces derniers lui avaient donné cet argent afin qu'il serve à quelqu'un qui en aurait besoin. J'ai pensé à vous. »

Il fallait courir dans tous les sens. Surtout se rendre au service d'immigration. Rundy et Chak Riya prennent en charge cette mission. Cette fois, Mademoiselle Traing est secondée par un jeune homme dont on ne connaît pas le nom. Sérieux, il ne sourit pas. Mais il demeure aimable. Au début, il parle vietnamien avec les Chhuor. Comme elles ne connaissent pas cette langue, il parle cambodgien. Changeant encore d'avis, il choisit le français comme moyen de communication. Comme il parle parfaitement le cambodgien, il était certainement au Cambodge. Avec gentillesse, il explique :

- Au service d'immigration, c'est *Mademoiselle en bas* qui est responsable des dossiers cambodgiens. Il faut donc lui parler. Mais elle n'est pas la seule à s'occuper de cette affaire. Il faut demander à un monsieur du ministère des affaires étrangères d'intervenir : *Monsieur en haut, peau noire*.

- C'est gentil de votre part de nous fournir tous ces renseignements. Nous vous remercions infiniment.

Les sœurs Chhuor ont bien compris l'explication du jeune homme. *Mademoiselle en bas* c'est Mademoiselle Traing. Elle est petite. *Monsieur en haut* c'est celui qui est grand. *Peau noire* signifie teint foncé. En cambodgien, on emploie le mot *bas* et *haut* pour désigner la taille petite et grand. En vietnamien cela doit être pareil. Le *Monsieur en haut, peau noire* c'est celui qui a signé l'autorisation pour les Chhuor en vue d'accéder au consulat de France. Pour simplifier, les trois sœurs le surnomment *le directeur* à la place de *Monsieur en haut, peau noire*. Ce dernier surnom est trop long et compliqué. Quant au nouvel employé du service d'immigration, on le surnomme *le jeune homme*.

*

L'année 1977 s'achèvera dans un trimestre. La bague est perdue comme avait prédit la voyante, les Chhuor espèrent donc pouvoir partir à la fin de l'année. Cette attente est angoissante. Mais il faut tenir bon.

Mi-octobre 1977, le docteur Ph annonce la bonne nouvelle : enfin, les Chhuor ont les visas d'entrée en France. Le 11 novembre 1977, ils reçoivent la convocation du consulat de France en vue de retirer ces papiers. Rundy et Chak Riya s'empressent d'aller au service d'immigration. Elles expliquent à Mademoiselle Traing :

- Nous avons les visas d'entrée. Accordez-nous donc les visas de sortie.

- Ce n'est pas la peine de vous presser. Actuellement ce sont des vols spéciaux pour des Français. Vous ne pourrez pas partir maintenant.

- Nous allons demander au consulat France de nous laisser partir avec des Français. Promettez-nous de nous donner les visas de sortie.

- Allez donc leur demander.

Mademoiselle Traing n'a pas menti. En ce moment, le consulat de France organise le départ des franco-vietnamiens pour rejoindre la France. Avoir la moitié de sang français dans les veines devient une chance, un privilège. Les métisses se mobilisent afin de partir pour leur terre parentale. Les sœurs Chhuor pensent à Lou-Y, le jeune Franco Vietnamien rencontré à la frontière.

*

Au réveil, Sethy est tout joyeux. Le sourire rayonne sur son visage d'adolescent, mûr avant l'âge à cause de la tragédie. Sa mère, ses sœurs lui demandent :

- Pourquoi es-tu si heureux ?

- J'ai fait un beau rêve. Dans ma main se trouve une fleur fanée, de couleur rose. Je souffle sur elle. Cette fleur s'épanouit. Elle devient très jolie.

- Attention, d'après des chercheurs, le rêve provient de notre frustration. Les gens dont le cerveau est dérangé ne font pas de rêves.

- Mais, certains rêves peuvent-être prémonitoires.

Un instant après, un Asiatique se présente à la pagode. Parlant parfaitement cambodgien, il cherche la famille Chhuor.

Avec discrétion, il annonce : « Le père L vous a envoyé 500 francs. » Puis, il sort un paquet d'argent vietnamien. L'arrivée d'un tel évènement est incroyable. Les Chhuor discutent :
- Le père L est d'une grande très grande bonté.
- Enfin, le rêve de Sethy devient réalité. La fleur fanée est épanouie.
- La prédiction de la voyante est juste. A présent, deux conditions sont bien remplies : perte du bien, envoie de l'argent pour préparer le voyage.
- Nous partirons donc à la fin de l'année.
- Partir dans un mois ?
- Ce n'est pas nous qui décidons. Mais, c'est le destin.

Ce n'est pas parce que cette prédiction commence à se réaliser qu'il faut attendre sans se bouger. Nous devons forcer le destin. Les Chhuor décident de réagir sans se laisser aller à la rêverie. Chacun prend sa route. Maly se dirige au consulat. Auparavant cet endroit était sous la surveillance d'un gendarme français. Maintenant il est sous le contrôle des militaires vietnamiens. Les réfugiés qui ont le visa de sortie peuvent y entrer en vue de remplir les formalités pour le départ. Les Chhuor n'en ont pas. Mais le chef des militaires accorde une autorisation à Maly. Elle passe au bureau du consul adjoint. Il lui dit : « Allez voir Mademoiselle E, responsable des vols pour les réfugiés. » Elle se rend au bureau de la dame. C'est une quinquagénaire qui a l'air sévère. La discussion avec elle semble difficile. Cela paraît normal. Elle est surchargée de travail. Mademoiselle E pose la question :
- Vous allez rejoindre qui ?
- Nos cousins.
Pourquoi cette question ? Maly répond au hasard.
- On donne la priorité à ceux ou celles qui rejoignent leur conjoint. Ce n'est pas votre cas.
- Madame, ma mère et ma sœur handicapée sont malades.
- Ce n'est pas mortel.
- Notre situation est dramatique.

- Je vais en parler à Monsieur le consul général. Mais si vous pouvez partir, ça m'étonnerait. Venez donc me voir plus tard.

Rentrant à la pagode, Maly parle de sa déception à ses sœurs. Les trois jeunes filles discutent :
- Les personnes qui ont leur conjoint en France reçoivent de l'argent envoyé par celui-ci. Elles peuvent donc attendre. Ce n'est pas mortel de retarder un peu le voyage. Notre cas est dramatique. Nous sommes donc prioritaires. Le droit de vivre ne doit pas être accordé seulement à ceux qui ont un conjoint.
- Mais, ce n'est pas nous qui changerons la loi française.
- Sans réagir, rien ne changera. Il faut essayer de faire quelque chose : écrire une lettre à Mademoiselle E à ce sujet. La décision prise, les trois sœurs se mettent à rédiger la lettre.

Madame,
Notre cas est plus que dramatique. Mais n'ayant pas vécu la tragédie, vous ne pourrez pas la comprendre...

Elles relisent, elles relisent. Puis :
- Ce n'est pas raisonnable d'écrire une telle lettre à une dame. Notre père avait dit mille fois que les femmes sont capables de tout.
- Etant femmes, nous pouvons connaître les réactions de celles-ci.

Avant les évènements, les trois sœurs passaient parfois des nuits quasi blanches à lire les romans d'art martial chinois. Les héroïnes de ceux-ci sont étranges, parfois drôles. Une leçon à tirer de ces livres : les femmes ont beaucoup d'astuces. Il faut donc faire attention avec elles. Les trois sœurs décident donc de déchirer la missive. Puis, elles recommencent :

Madame,
Votre responsabilité est grande. Vous n'avez donc pas le temps de nous écouter. Il est difficile pour nous de vous expliquer de vive voix la tragédie de notre famille. Permettez-nous de vous raconter notre problème. Vous qui êtes sensible,

vous prendrez certainement un peu de temps pour lire notre lettre...

Se précipiter pour envoyer ce courrier n'est pas une bonne solution. Nous, les hommes, nous changeons sans cesse d'avis. Celui qui ne change pas n'avance pas. Demain, on réfléchira. Des idées neuves pourront surgir.

Envahie par les soucis, cette nuit, Maly ne peut pas fermer les yeux. Etre l'aînée du groupe, la responsabilité en est proportionnelle. Il fait une nuit profonde. Le silence règne dans la pagode. Le temps ne fait que s'écouler. C'est angoissant pour ceux qui n'arrivent pas à dormir. Tout d'un coup une image blanche passe devant elle à la vitesse de la lumière. Cette image c'est celle du consul général. Elle se lève sans tarder. Il s'agit d'un message. Un papier et un stylo à la main, elle écrit :

Monsieur le Consul Général,
Vous avez eu la bonté de passer à la pagode. Cela prouve que vous tenez à cœur la tragédie du Cambodge.
Vous avez certainement entendu Monsieur H, conseiller culturel, parler de nous, les trois sœurs : Maly, Rundy et Chak Riya, réfugiées cambodgiennes.
Permettez-nous de vous raconter le drame de notre famille. Notre père, malade, est arrêté au cours d'une nuit pluvieuse par un groupe des Khmers rouges armés. Notre jeune sœur, âgée de 16 ans, est morte misérablement pendant la déportation. C'est pareil pour notre frère, âgé de 18 ans. Nous n'avons pas de trace de nos trois frères. Dans notre famille il ne reste que des femmes : notre mère et ses filles. Un seul homme survivant : notre jeune frère adolescent. Le petit groupe était dans l'agonie. Mais nous avons rassemblé le peu de force qui restait pour nous évader en risquant notre vie. Fuir signifie trahison.
Actuellement nous sommes à la pagode. Notre mère et notre petite sœur trisomique sont malades. Elles étouffent souvent. Mes deux sœurs et moi-même, nous prenons en main le destin

de notre famille. Nous sommes au bord de l'épuisement. L'attente demeure impossible.

Monsieur le Consul Général, nous sollicitons votre aide à pouvoir partir rapidement pour la France.

Comptant sur votre générosité, nous vous prions d'agréer, Monsieur le Consul Général, l'expression de notre respect et de notre gratitude.

Chhuor Maly   Chhuor Rundy...Chhuor Chak Riya,

Etudiantes cambodgiennes

La nuit est passée. Sans tarder, Maly explique à sa famille ce qui s'est passé la veille.
- Il faut aller poster ce jour cette lettre, suggère Rundy.
- Avec celle qui est destinée pour Mademoiselle E, ajoute Chak Riya.

*

Toutes les semaines, le service d'immigration affiche la liste des noms des gens sur les vols. Cette fois, on voit figurer celui de Monsieur RH, l'homme de l'ONU. Il va donc quitter le Vietnam. L'histoire de la bague est terminée. Ce bijou disparaît à jamais.

*

Début décembre 1977. Les Chhuor reçoivent une convocation du consulat de France. Les trois sœurs se rendent à ce lieu le 6 décembre. Elles sont accueillies par le consul adjoint. Sur son bureau est posée la lettre adressée au consul général, écrite par Maly lors de la nuit blanche.

Le diplomate explique :

« Monsieur le Consul Général est parti pour la France. Il m'a chargé de m'occuper de votre affaire. »

Il prend un papier, puis écrit. **Pour le vol du 29 décembre.**

Une surprise ! Le départ à la fin d'année comme avait prédit la voyante. Les Chhuor partiront en vol spécial destiné aux Français. Ils sont privilégiés et prioritaires, grâce à la bonté du consul général. Mais sans lui écrire, il n'aurait pas pu connaître l'existence d'une famille dispersée qui a traversé un océan de drame et qui continue à se battre. Maly avait rédigé la lettre sans avoir besoin de réfléchir, ni de relire. Elle ne pensait pas avoir la capacité d'écrire une missive en français avec facilité, à deux heures du matin. Dans l'ancien régime, elle écrivait beaucoup, mais en cambodgien. La tragédie est source de phénomène étrange. Ceci demeure un mystère.

*

Le bruit court aussi vite que la vitesse de la musique. Un Asiatique vient contacter les trois sœurs pour une affaire importante.

- On a dit que vous êtes connues au consulat. Pourriez-vous nous présenter à un ou une Française de ce lieu. Nous vous offrons de l'or.

- Non, merci.

Quand vous êtes « connues », l'argent, l'or, courent vers vous. Et vous pourriez devenir leur esclave. Les trois sœurs préfèrent vivre dans la privation que tomber dans l'esclavage de toutes formes. Elles discutent :

- D'abord, il n'est pas question de « vendre notre tête.» Il faut montrer à celui-ci qu'il ne peut pas nous acheter.

- Puis, éviter d'être l'auteur de la corruption.

- Enfin, une autre chose dangereuse. Et si cet homme était envoyé par l'autorité du pays pour nous piéger ?

Les dangers se trouvent partout sur le chemin de notre vie, surtout quand nous nous trouvons dans une situation fragile. A n'importe quel moment, nous pouvons tomber dans les pièges.

Chapitre 20

Terreur

Les trois sœurs passent au service d'immigration. On ne leur délivre pas les visas de sortie selon la promesse. Le dossier étant incomplet, les Chhuor ne sont pas admis pour le vol du 29 décembre. La prédiction de la voyante n'est donc pas juste. Remarquant que les trois sœurs se débrouillent bien, certaines mères souhaitent que celles-ci donnent des cours à leurs enfants. Mais toutes les trois doivent courir partout pour arranger les choses. Maly passe au ministère des affaires étrangères voir le *directeur*. Il sort avec une interprète. Cette dernière explique : « Nous allons téléphoner au consulat de France pour vous. Ce n'est pas notre rôle. Mais nous le faisons exceptionnellement pour vous. »

Ce même jour, Rundy et Chak Riya repassent au service d'immigration. *Le jeune homme* quitte son bureau. Puis, il vient s'asseoir sur la banquette à côté des deux sœurs. Il dit :

- Mesdemoiselles, soyez tranquilles. Je vous ai beaucoup aidées. Le chef a pensé que vous m'avez donné de l'argent.

- Merci de votre bonté.

Il fait une pause. Puis il change de ton. Cette fois, peu aimable : « Quand vous serez en France, vous aurez un bel avenir. Vous oublierez le Vietnam. »

Un bel avenir ? N'a-t-il pas rêvé ? On ira en France pour survivre. Non pour un bel avenir. On a toujours la nostalgie du lieu où l'on a vécu. Mais pas au point de jurer de ne pas l'oublier. Les Chhuor n'ont plus la notion de pays. Rien ne leur appartient. Partout c'est le vide, l'illusion. Les autres réfugiés admirent la chance des sœurs Chhuor d'avoir un fonctionnaire du service d'immigration assis à côté pour discuter. Mais ils ignorent l'humeur en dents de scie de celui-ci. Comme la vie est ironique !

Le ministère des affaires étrangères fait savoir aux jeunes filles Chhuor qu'ils ont déjà contacté le nouveau consul général et que l'affaire est réglée. Le départ sera prévu pour février 1978. Mais sans les visas de sortie. Cela devient un cercle vicieux.

Il faut continuer à insister. Rundy et Chak Riya règlent l'affaire avec le service d'immigration. Maly se rend au consulat pour vérifier si sa famille est bien sur la liste du vol en février. Elle passe au bureau du consul adjoint. C'est un jour défavorable. Tout le monde veut partir. Cela énerve ce diplomate. Maly lui explique que sa mère et sa petite sœur sont malades. Il lance : « Est- ce que les médecins français doivent soigner tout le monde ? »

La présence de cette réfugiée est comme une goutte d'eau qui fait déborder le vase. Hors de lui, il hurle : « Vous embêtez le monde. Allez-vous-en ! » Sans tarder, elle quitte le bureau du consul. De sa vie, elle n'a jamais entendu un tel cri. Ce mépris est inadmissible. Ce n'est pas le caprice qui la pousse à venir le voir, mais les conditions insoutenables de la vie. Au Cambodge, dans son travail, entourée de hauts placés et de toutes les hiérarchies, elle était respectée et aimée. Au Vietnam, malgré leur statut d'apatrides, les gens traitent sa famille avec considération.

Les paroles des recommandations de ses frères à ses sœurs et à elle-même résonnent dans sa mémoire :

« Vous ne devez vous abaisser devant aucun homme. »

« Vous défendrez l'honneur de notre famille. »

Ces propos ont été prononcés depuis longtemps, avant même l'entrée dans l'adolescence des trois sœurs. Notre mémoire a enregistré toutes les informations. Celles-ci réapparaissent par moment. Leurs frères ne sont plus là, il faut respecter leur conseil. Pourquoi ces recommandations si précoces ? S'agit-il de l'écriture du destin ?

Tous les hommes de la terre demeurent un homme et non un Dieu. Il n'y a aucune raison de nous abaisser devant eux. La blessure profonde vient ajouter à des tas de soucis. Mais le problème de la survie est plus important que ce mépris. Se rendre malade pour cela n'est pas nécessaire. Il faut penser à autre chose. Depuis longtemps, les trois sœurs n'ont pas vu Monsieur S. Il est simple, aimable, toujours accueillant. Le conseiller culturel est d'une extrême bonté. L'ancien consul général aussi. Le docteur Ph est d'une grande qualité. L'homme de l'ONU a beaucoup de tact. Sans compter les autres amis qui sont partis. Penser aux braves personnes effacera l'amertume. Cependant, être tout le temps habitué aux gentils gestes n'est pas toujours positif. La vie est une confrontation à des diversités de choses. Il convient de recevoir des coups de temps en temps. Les ennemis nous aident à créer la force de résistance. Ils sont nos maîtres. Quant aux amis, ils nous permettent de ne pas voir la vie en noir.

C'est ainsi que les trois sœurs décident de se rendre chez Monsieur S. Il annonce :
- Je viens de recevoir une lettre de Monsieur T. Il m'avait dit qu'un certain *Dara* a envoyé 300 francs pour vous.
- *Dara* n'est pas une personne, explique Maly. C'est un organisme, une communauté cambodgienne à l'étranger certainement. Un jour, nous avons entendu par hasard une émission en langue khmère diffusée par cet organisme. Nous leur avons écrit en leur demandant de nous aider à rechercher notre famille.

Dara est un mot sanscrit qui signifie étoile. Les Chhuor n'ont pas écrit à celui-ci pour lui demander de l'aide financière. Mais les personnes de cet organisme ont compris les difficultés des réfugiés. C'est encore une agréable surprise. Recevoir de l'argent des inconnus au moment de privation est une incroyable histoire. Dans la tragédie, nous côtoyons des miracles. Pourquoi ? Un mystère.

D'un air mélancolique, Monsieur S continue : « Ne venez pas me voir souvent. C'est dangereux. J'ai l'impression d'être suivi. »

La joie est suivie d'un souci. C'est la vie. Dans le réseau de relation, il ne reste que lui et le docteur Ph. Un jour, il n'y aura plus personne. Rentrant à la pagode, les trois sœurs réfléchissent.

Maly dit :

- J'ai l'impression que je suis suivie. Tous les jours je voyais le même homme derrière moi. Il habite la pagode.
- Moi, également, confirme Rundy, tout le temps je voyais le même.
- Toutes les trois, ajoute Chak Riya, nous sommes suivies.
- Pourquoi ? Une affaire d'espionnage ? demande Maly.

Les trois sœurs continuent à réfléchir :
- L'autre jour, la femme de Tan est venue jeter un coup d'œil sur notre casserole. Elle est certainement envoyée par le service secret pour se renseigner sur notre train de vie.
- Hier, quelqu'un s'est mis près de la fenêtre, pour écouter notre conversation sûrement.

Les trois sœurs sont vigilantes. Elles se demandent pourquoi. Il ne manque que cela pour ajouter à la vie dure.

*

Janvier 1978. La troisième année fait son entrée. Aucun réfugié n'est parti pour le pays d'accueil. La vie à la pagode est toujours pareille. La précarité est très dure à supporter.

Pour les Chhuor, c'est fini l'espoir de partir à la fin d'année comme avait prédit la voyante. Mais ce sera pour quand ? Le mois de février ? Rien n'est sûr. La jeunesse est dotée d'une capacité pour supporter les duretés de la vie. Les Chhuor continuent à se battre. Acheter et revendre des vêtements. Donner quelques cours. Mais aussi se rendre au service d'immigration. *Le directeur* qui travaille au ministère des affaires étrangères est toujours accompagné de deux ou trois collaborateurs. Chaque fois, il saluait les sœurs Chhuor avec le signe de la tête. Cette fois non. Il est austère. Pourquoi ? D'un ton sec il sort un mot : « RH ! »

Il ajoute : « Demain, vous viendrez à 8 heures pour l'interrogatoire. »

Voilà la réponse. C'est la relation avec l'homme de l'ONU qui empêche les Chhuor d'avoir les visas de sortie. Tous les jours, les trois sœurs sont suivies. Ce Monsieur est parti en toute tranquillité. Mais les Chhuor doivent en subir les conséquences. Cette histoire n'est pas une mince affaire. Qui est donc cet homme de l'ONU ? Si l'on avait de l'argent pour vivre, le souci serait moins lourd à supporter. La précarité, plus cette affaire cela fait trop. Il y a de quoi s'affoler. Mais il faut tenir bon.

*

Maly part très tôt au service d'immigration pour le fameux interrogatoire. Que poseront-ils encore comme questions ? Tout était dit en mai dernier. Il faut demeurer calme, sans être paniquée. Sinon ils vous prendraient pour coupable. Madame Chhuor racontait mille fois aux enfants les histoires graves rencontrées au cours de sa vie, surtout en temps de guerre. Dans toutes les situations, il faut garder son sang froid.

Maly attend, attend. Personne ne vient la chercher. Il faut attendre jusqu'à quand ? Il est primordial de réagir. Elle passe au bureau d'accueil voir Mademoiselle Traing.

- Devrais-je attendre jusqu'à quand ?

Mademoiselle Traing parle à une collègue. Cette dernière s'adresse à Maly en cambodgien :

- Votre cas n'est pas prioritaire. On laisse partir d'abord ceux qui sont dans une situation difficile.

Mademoiselle Traing n'est pas contente de cette explication. Ce n'est pas cela qu'elle a voulu dire. Elle tire le dossier brutalement de sa collègue, puis exprime sa colère par un soupir. Cela prouve qu'elle comprend bien le cambodgien. Il faut donc faire attention. Beaucoup de Vietnamiens parlent cambodgien.

Avec fermeté, Maly dit :

- Il faut dire la vérité. Vous ne nous accordez pas les visas de sortie à cause de l'histoire de R H.

- Puisque vous le savez, je suis obligée de vous dire que votre dossier est à la Sûreté. Dès que l'enquête sera finie, nous vous délivrerons les visas de sortie.

- Quelle enquête ? Qu'avais-je fait ? Pourquoi avez-vous laissé partir RH ?

Mademoiselle Traing ne répond pas. Maly se retire.

C'est encore une histoire de fou. Maly a passé une matinée à attendre l'interrogatoire. Mais les deux femmes pensaient qu'elle parlait des visas de sortie. Avec le verbe attendre les gens peuvent ajouter le complément comme ils l'entendent. Partout la grammaire est exigeante. Il faut s'exprimer avec clarté : sujet, verbe, complément. Mais dire la moitié des choses est aussi importante. Il ne faut surtout pas évoquer le désagréable mot interrogatoire.

*

Les trois sœurs ont beaucoup de soucis. Quand l'enquête sera-t-elle terminée ? Et si cela ne finissait jamais ? Maly est concernée dans cette affaire. C'était elle qui avait emmené l'homme de l'ONU à la pagode.
Les trois sœurs discutent :
- Evitons de nous exposer trop au service d'immigration.
- Surtout, il faut cacher notre histoire aux amis français, ils auraient peur de nous. Les gens n'aiment pas avoir de problème sur leur dos.
- En outre, les hommes n'ont pas la même réaction que les femmes. C'est à nous de régler cette affaire et pas les autres.
Avec leurs amis français, elles se comportent comme s'il n'y avait rien.
Le docteur Ph dit :
- Mademoiselle E avait proposé votre famille à tous les vols. Mais vous n'avez toujours pas les visas de sortie. C'est étonnant.
- Parce qu'il y a un malentendu entre le consulat et le service d'immigration.
Ce médecin ne comprend rien.

Au rendez-vous avec Monsieur S, celui-ci demande :
- Pourquoi n'avez-vous pas de visas de sortie ?
- Parce que les fonctionnaires du service d'immigration ne respectent pas leur promesse. Ils travaillent à la vitesse des escargots.

Dans certains cas, les évènements nous obligent à jouer la comédie. Jusqu'à quand ? Faire semblant d'être naturelle en inventant des choses, dans une telle condition, n'est guère facile. Au Cambodge, elles jouaient la comédie en riant. A présent, elles sont dans la vraie tragi-comédie sans rire, ni pleur.

En chemin, les trois sœurs voient une voiture conduite par le consul adjoint. A côté de lui, se trouve Mademoiselle E. Les deux font un charmant sourire. Rundy et Chak Riya, leur répondent par un sourire également. Quant à Maly, se souvenant du geste hostile du diplomate à son égard, elle est incapable de lui sourire. Un instant après, cette même scène se répète dans une autre rue. C'est l'ironie de la vie.

*

Maly est ravagée par le remords. Elle se sent coupable d'avoir entraîné sa famille dans le cercle vicieux de cette enquête. Les siens avaient risqué la vie en bravant de nombreux obstacles pour la survie. La France est prête pour accueillir sa famille dispersée. Maintenant c'est elle qui a mis le bâton dans la roue. Il ne faut surtout pas incriminer l'homme de l'ONU. Il n'avait pas imaginé l'arrivée d'un tel événement. Nous sommes grands ; nous devons être responsables de nos actes sans attribuer la faute à autrui.

Au Cambodge, au cours des discussions, ses frères aînés lui avaient dit :
« Es-tu née pour changer le monde ? »
« Es-tu née pour soutenir la planète ? »
« Saches que tu es si minuscule ! »
« Laisse le monde tel qu'il est. Ce n'est pas toi qui vas le changer. »
Ils commentaient cela afin qu'elle ne soit pas triste. C'était la lourde responsabilité dans son travail qui était source de cette tristesse. Ils voulaient dire qu'elle n'était pas née pour porter le fardeau. Il fallait voir la vie autrement : penser à sa jeunesse.

Finalement, ses frères avaient raison. A présent, elle tombe malade. Quand nous souffrons moralement, c'est notre ventre qui subit les conséquences. La douleur abdominale est insoutenable. Elle se dit: « Non seulement je ne peux rien changer, en plus je serai paralysée. Quel sera le destin de ma famille ? Je serai une charge et non un des capitaines qui doit conduire le navire de la vie à travers l'ouragan. »

Maly est incapable de se déplacer. Rundy et Chak Riya mettent en œuvre toutes les stratégies : se rendre au service d'immigration, faire la grève. Elles choisissent de s'exposer au soleil, les rayons solaires du pays tropical ne sont pas faits pour le bronzage. Certains réfugiés viennent à côté d'elles sans se poser de questions. Ils sont sous le soleil aussi. Cela risque d'attirer l'attention de la presse étrangère ; le Vietnam n'étant pas fermé sur le plan international. *Le jeune homme* quitte son bureau, se dirige vers les deux sœurs :
- Mesdemoiselles, cela sert à quelque chose d'être sous le soleil ?
- Est-ce que vous croyez que c'est bien d'être exposée au soleil ? répond Rundy.
- Pourquoi ne voulez-vous pas nous donner de visas de sortie ? ajoute Chak Riya.
Le jeune homme continue :
- Venez avec moi afin de parler avec le chef.
Le directeur traverse la foule. Puis il s'adresse aux deux sœurs : « C'est vous qui avez influencé les autres à se rassembler dehors ? »
Le jeune homme finit par emmener les deux sœurs voir son chef. Les autres réfugiés pensent que celles-ci sont favorisées par le personnel du service d'immigration, alors qu'elles sont noyées dans un océan de soucis. C'est l'ironie de la vie.

Se laisser détruire par le remords et le souci n'est pas une solution. Notre maladie peut-être vraie ou imaginaire. Maly s'efforce de vaincre cette maladie. Elle se lève. Puis passe voir le médecin. Il lui assure :

- Ce n'est rien de grave.
- Délivrez-moi un certificat médical.
- Mais ce n'est pas grave.
- Ecrivez-moi quand même quelque chose.

Rentrant à la pagode, elle confie le certificat médical à Rundy et Chak Riya afin de le montrer aux employés du service d'immigration. Les deux continuent leur mission : se rendre à cet endroit. Tout le temps, certains réfugiés viennent se rassembler à côté d'elles.

*

Jouer le rôle d'une personne malade n'avance à rien. Il faut changer de stratégie. Maly décide de se rendre au service d'immigration. Les réfugiés n'ont pas le droit de dépasser la limite des bureaux d'accueil. Mais cette fois, elle n'a pas peur de franchir la zone interdite. Quand on est en colère, on ne se contrôle pas. Personne ne l'a empêchée d'entrer. Elle dit au personnel : « Vous avez laissé partir RH. Cela prouve que vous avez peur de lui. Mais vous faites pression sur nous, parce que nous sommes sans défense. »

Elle a beau exprimer sa colère, aucune personne ne réagit. Elle se demande : « Sont-ils sourds ? Sont-ils impassibles ? »

Un jour, au Cambodge, elle se rendit chez Chany, une amie. Elle raconta à celle-ci :

- Tu sais, l'autre jour, j'ai été très en colère.
- En colère ? Remarqua la mère de Chany, qui avait écouté la conversation.

Cette dame ajouta :

- On n'entend que le mot colère. Mais on ne voit rien. Du jamais vu, une personne en colère de cette façon. Quant à ma fille, lorsqu'elle était fâchée, elle haussait le ton, se trouvait dans un état d'excitation.

Cette mère voulait apprendre que Maly était incapable de mettre en évidence sa colère. Cela ne valait pas la peine d'être fâchée. Cette dame avait raison. Personne n'osait monter sur les pieds de sa fille, une terrible jeune fille.

Un jour, Maly se plaignit auprès de sa tante Neuv à propos de son apparence sans arme. Cette dernière se tordit de rire. Même sa tante ne la connaissait pas assez. Mais changer notre aspect n'est pas possible.

Une autre manière de montrer sa colère : faire parler sa plume. Cette fois, ces personnes impassibles réagiront. Ces statuettes bougeront. En quelques minutes le texte est rédigé. Il faut agir le plus vite possible. Le temps peut tout changer.

Messieurs,
De quel droit nous empêchez-vous de partir ? Même si nous n'avons pas de pays ce n'est pas une raison pour faire pression sur nous. Ce conflit n'est pas équitable, voire ridicule. Vous, un Etat, nous, des apatrides ; de surcroît, des femmes. Pourquoi avez-vous laissé partir RH ? Cela prouve qu'il n'est pas fautif.
Notre mère et notre sœur handicapée sont malades. S'il leur arrive quelque chose, vous serez responsables.

Chak Riya et Rundy rentrent du service d'immigration. Maly leur montre la lettre.

- Il faut faire traduire cette lettre, suggère Rundy.

- Nous allons demander aux frères vietnamiens de nous aider, répond Chak Riya.

Toutes les trois sont en colère. Cette colère crée deux forces opposantes. L'une nous pousse à réagir. L'autre peut nous détruire. La colère peut être constructive et destructive.

Une demi-heure après, les trois sœurs arrivent à l'église. Elles demandent à un prêtre vietnamien :

- Mon frère, pourriez-vous nous aider à traduire cette lettre ?

- Pour l'envoyer à qui ?

- Service d'immigration, ministère des affaires étrangères et ministère de l'intérieur.

Après la lecture, le prêtre prend un air triste. Puis il dit :

- C'est un peu trop direct.
- Mais, il faudrait leur faire comprendre.
- Nous sommes petits. Il faut prier, supplier.

Pour les sœurs Chhuor, pleurer, gémir, supplier, jamais. Les drames à répétitions renforcent davantage leur caractère. La missive est enfin rédigée. Après avoir remercié le prêtre, les trois sœurs quittent l'église. Puis, elles discutent :
- Pourquoi le frère a-il écrit une longue lettre ?
- C'est curieux ! Est-ce qu'en vietnamien, on a besoin de parler beaucoup pour dire peu de chose ?
- A mon avis, cette lettre est certainement une lamentation, une supplication.
- Mais, nous n'avons pas le choix.

Le prête avait-il raison ?

Oui, il a raison. Au service d'immigration, *le jeune homme* lit la missive avec attention. Il dit : « Cette lettre est très importante. »

Elle est très importante. Mais c'était le prêtre qui l'avait rédigée. En fait, nous pensons avoir raison. Parfois un œil extérieur est indispensable pour arranger des choses.

Les sœurs Chhuor se battent, se défendent, courent sans relâche. Personne n'est au courant de leur farouche combat. Courir partout dans une condition de précarité est déstabilisant. On peut devenir déséquilibré. Mais les hommes possèdent une énergie cachée. Cette énergie ne surgit qu'au moment des catastrophes. Nous tendons à nous sous-estimer.

*

Mars 1978. Le temps ne nous attend pas. Il faut l'attraper. Les trois sœurs se rendent au ministère des affaires étrangères. Un homme d'âge moyen les accueille. Elles lui expliquent leur histoire. Il répond :
- Ce n'est pas nous qui devons nous occuper de cela.
- C'est qui alors ? Le service d'immigration ne veut pas nous entendre. Réfugiés chez vous, nous sommes sans défense. Vous devriez tenir compte de notre situation. Quand votre

enquête sera-t-elle terminée ? L'attente ne sera plus possible pour nous.

Le fonctionnaire note toutes les paroles. Il n'y a personne qui prend en charge l'affaire des sœurs Chhuor. Elles sont obligées d'être leur propre avocat. La matière juridique n'est pas leur domaine, elles se défendent tant bien que mal.

Elles retournent au service d'immigration. Un jeune fonctionnaire un peu plus âgé que *le jeune homme*, venu de Hanoi, demande au dernier de traduire ses paroles :

« J'ai bien compris votre difficulté, j'en parlerai au chef. »

*

Epaule contre épaule, les trois sœurs courent sans relâche. Ce jour, c'est encore au service d'immigration, *le directeur* et *le jeune homme* sortent ensemble du fond du bâtiment. Le dernier s'adresse aux trois jeunes filles : « L'examen de votre dossier est presque terminé. Vous aurez le résultat dans quinze jours. »

Le résultat pourra être bon ou mauvais. Cette attente est très angoissante. Mais il faut faire semblant d'être normales, d'être sans histoires : les trois filles préservent leur mère de cette affaire gravissime. Se battre farouchement, puis jouer en même temps la comédie peut faire craquer. Mais tant que nous pouvons encore résister, il importe de tenir bon.

Chapitre 21

Fin du cauchemar

L'enquête arrive à son terme. Les trois sœurs sont soulagées. Mademoiselle Traing demande aux membres de la famille Chhuor de se présenter afin de remplir des fiches de renseignements. Une femme parlant cambodgien leur pose des questions sur différents sujets : un test de langue probablement. On passe sa vie à faire des tests. Pour fuir du Cambodge vers le Vietnam : test de langue vietnamienne. En quittant le Vietnam : langue khmère. Mais, pour partir pour la France, les Chhuor n'auront pas peur de cela. Dans le malheur, il faut apprécier cette chance.

Le 1er avril 1978, C'est un grand jour pour les Chhuor et certains réfugiés. Ils doivent retirer les visas de sortie. Un discours précède la délivrance de ces papiers. Trop soucieux, aucun réfugié ne prononce un mot. La tragédie rend les gens muets. Après la conférence, on appelle les réfugiés les uns après les autres pour leur donner les visas de sortie. Tous les réfugiés ont leur papier. Sauf les Chhuor. C'est un cauchemar. Mais il faut tenir bon.

Mademoiselle Taing leur dit : « Attendez un instant ! »
Les trois sœurs se demandent : « Que se passe-t-il encore ? Changeraient-ils d'avis ? »
Un quart d'heure après, Mademoiselle Traing réapparaît avec une collègue parlant khmer. Cette dernière dit : « L'affaire de RH n'est pas encore terminée. Mais comprenant votre difficulté, nous vous délivrons les visas de sortie. »
Mais comment ? Pourquoi ? Tout le temps c'est la famille Chhuor ? Elle est prise en otage par le maître du destin et par l'homme.

D'après un roman classique khmer, *La fleur dansant et l'eau dansant, le* héros devait braver différents obstacles pour aller chercher ces deux choses merveilleuses. Le conte devient enfin réalité. Les jeunes filles Chhuor ont passé des moments de cauchemar pour obtenir les visas de sorties. Mais les épreuves ne sont pas terminées. Il y a le problème financier à résoudre.

Les Chhuor se réunissent.

- Il faut de l'argent pour retirer les laisser-passer au consulat de France.

- Nous devons vendre le pendentif incrusté de diamants, conseille Madame Chhuor.

- La seule personne qui peut éventuellement l'acheter c'est Monsieur C, le chef d'entreprise.

Rundy et Chak Riya se dirigent chez celui-ci. Il demande aux deux sœurs de laisser le bijou pendant quelques jours afin qu'il le montre à sa fille.

Quant à Maly, elle passe au consulat pour remplir des formalités. Mademoiselle E n'est plus la même. Se montrant sympathique, elle dit en souriant :

- Le consul adjoint veut vous recevoir.

- Je ne désire pas le voir.

Ne pouvant pas effacer le mauvais souvenir, Maly décide de dire non. Selon les recommandations de ses frères, il faut éviter de s'abaisser devant un homme. Malgré la situation d'apatride, elle reste toujours elle-même. Mais Mademoiselle E ne cède pas non plus. Elle finit par hausser le ton :

- Allez le voir !

- Je vous ai dit non.

- Allez le voir !

- Pourquoi n'a-t-il pas été compréhensif ?

-Parce que vous venez au consulat tous les jours, répond Mademoiselle en baissant le ton de sa voix.

Elle ajoute :

-On se demande comment vous pouvez entrer ici tout le temps ?

Nul n'est censé répondre à toutes les questions. Venir tous les jours au consulat est une exagération. Mais à chaque fois que le chef des militaires voyaient les trois sœurs, il souriait, puis, levait la main. Les autres ouvraient la porte. Maly veut montrer que toutes les femmes ne sont pas soumises. Mais Mademoiselle E est aussi une femme, de surcroît, une occidentale, d'un grand pays renommé. Refuser de voir un diplomate devient déraisonnable, alors que tout le monde le souhaite. On aura sûrement besoin de son service. Mais les femmes ont besoin de s'affirmer.

Maly décide enfin de passer au bureau du consul. Dans la salle d'attente se trouvent quatre hommes. N'ayant rien de spécial à lui demander, elle n'a pas envie de perdre le temps à attendre. Elle s'en va. C'est une coïncidence, elle rencontre Mademoiselle E dans le hall. Il faut donc lui expliquer :

- Il y a quatre personnes avant moi. Je n'irai pas voir le consul.

- Allez le voir ! s'écrit Mademoiselle.

Mademoiselle E est obligé d'être ferme pour convaincre cette jeune fille bizarre. Maly retourne au bureau du consul. Il faut attendre comme tout le monde. C'est ridicule de jouer le rôle d'une femme pressée alors qu'elle n'a pas un emploi du temps chargé. Le consul désire la voir, pourquoi ? Son cerveau est réservé uniquement pour se battre, elle ne se pose même pas la question. Son tour est enfin arrivé. Elle entre. Avec un grand sourire, le consul lui dit : « Chère amie ! »

Elle lui répond par un sourire discret.

- Que puis-je faire pour vous ? ajoute le diplomate.

- Pourriez-vous nous aider à envoyer nos diplômes en France ?

- Amenez-les donc.

Tout le monde peut être de mauvaise humeur, voire s'irriter. Mais un homme intelligent, un bon diplomate, regrette. Blesser une rescapée de famille dispersée, victime du crime contre l'humanité, n'est pas un mince sujet. Tout est effacé en une minute. La rancœur disparaît. La guerre doit se terminer un jour. Elle doit être remplacée par la paix. Cela était écrit dans quatre volumes de contes dont les animaux sont des acteurs. C'était Monsieur Chhuor qui avait conseillé à ses enfants de lire ces ouvrages. Tout le temps en guerre, c'est se détruire.

Maly, Rundy et Chak Riya passent voir le consul pour lui apporter les diplômes. Mais aussi pour lui dire au revoir. C'est une chance de pouvoir lui confier ces papiers. Selon la rumeur, à l'aéroport les policiers confisqueraient diplômes et papiers à l'instar des Khmers rouges. Ces documents passeront par la voie de la valise diplomatique. Ils seront sûrs d'arriver en France. Les Chhuor ont risqué leur vie pour les cacher : durant le régime génocide, être instruit est contre la révolution. Cette fois, heureusement il y a l'intervention du consul.

*

Les trois sœurs se rendent chez Monsieur C comme convenu. Il dit : « Mon appartement a été cambriolé. Votre bijou est volé. »

Dans un état de choc, elles ne réagissent pas. Mais il n'y a aucune raison de rester inerte, il faut demander conseil à un ami. Quittant cet homme sans rien dire, elles passent chez Monsieur S. En colère, il s'exclame :
- C'est lui le cambrioleur.
- Nous n'avons aucune preuve pour l'accuser.
- C'est certain. Il est le cambrioleur. S'il ne vous rembourse pas je m'en mêlerai. Je l'attaquerai en justice.

Certes, sans preuve, on ne peut pas accuser cet homme. Mais les Chhuor sont des réfugiés sans ressource. Ne pas vouloir rembourser un objet confié est signe de malhonnêteté. Monsieur S avait raison de vouloir attaquer ce chef d'entreprise en justice. Mais les Chhuor sont trop épuisées pour entamer la procédure de justice. Avec celle-ci, on n'est pas sûr de gagner. Personne n'a vu ces trois sœurs confier un objet de valeur à cet homme. En outre, le besoin de l'argent est imminent. C'est ainsi que les trois sœurs décident de négocier avec lui:
- Vous devez nous donner de l'argent. Nous en avons besoin pour payer les frais des dossiers au consulat.
- J'irai avec vous pour régler cette affaire, dit-il.

Les trois sœurs et Monsieur C se rendent au consulat. Cela prouve que ce dernier a quand même de bonnes intentions. S'il refusait, on ne pourrait rien faire contre lui. Dans le bureau, il y a Mademoiselle E et quelques femmes qui sont ses collègues. Elles pensent certainement que cet homme aurait fait une bonne action en aidant financièrement une famille cambodgienne. Elles ont beau y penser, ce n'est pas une raison de leur raconter notre vie. Ce problème ne regarde personne. Ce qui compte c'est de pouvoir payer le droit d'entrée en France.

Monsieur C est jovial. Avec enthousiasme, il dit : « En France, elles seront accueillies à bras ouverts. »

Les dames sourient. Pour approuver probablement le propos de celui-ci. Les jeunes filles Chhuor sont ravies. Elles venaient de lire *La vie* de Maupassant. Il disait : *la vie n'est ni belle, ni mauvaise*. Cela est vrai. La vie est belle ? Elles n'y croient pas. La déchirure est trop profonde. La plaie demeure ouverte. Mais on peut dire que la vie est unique pour tout le monde. Il faut se battre pour la protéger.

Monsieur C propose aux trois sœurs :

- Comme vous êtes six, en avion, vous avez le droit de prendre plusieurs kilos de bagages. Si vous prenez les miens je vous payerai.

- Non, merci, nous serions arrêtés à l'aéroport.

En quittant cet homme, elles discutent :

- Il n'est pas raisonnable de nous proposer une telle affaire. Il faut être fou pour l'accepter.

- Les apatrides avec de tels bagages seraient certainement arrêtés.

- Et s'il mettait de la drogue !

- Dans la situation dramatique, l'argent nous souriait à plusieurs reprises. Si nous n'étions pas vigilantes nous aurions des ennuis à cause de lui.

Monsieur S conseillent aux jeunes filles Chhuor de réclamer encore de l'argent à Monsieur C. Il a jugé que la somme que cet homme a payée pour les frais de dossiers ne vaut pas le prix des diamants. Mais les trois sœurs préfèrent se taire.

Les trois filles confient à leur mère l'histoire du pendentif volé. Madame Chhuor conclut :
« La prédiction de la voyante est juste. Nous ne pourrons partir qu'après avoir perdu des objets. Les biens matériels peuvent être volés, incendiés, détruits. Seul ce qui est immatériel demeure. »

*

Après presque trois ans de précarité, de combat, les Chhuor ont droit à une vie calme pour un moment. La France demeure un pays inconnu. Mais il faut garder l'espoir sur son accueil. Ils feront l'effort d'intégration. Cet effort est déjà commencé. Grâce à Monsieur H, le conseille culturel, les jeunes Chhuor lisaient et lisaient. Ils observaient les gestes des occidentaux afin de ne pas commettre d'erreur.

Sim et ses enfants viennent à la pagode souvent voir leur famille. Elle et ses enfants se battent avec acharnement pour la survie. Elle fait des petits commerces avec ses filles. Thida et Nary sont mûres avant l'âge. Bientôt sera la séparation provisoire. Maly, Rundy et Chak Riya promettent à leur sœur aînée de faire le nécessaire le plus vite possible pour le regroupement familial. Elles leur enverront de l'argent également. Car elles espèrent trouver du travail assez rapidement.

Madame Chhuor et ses enfants visitent Saigon pour la première et la dernière fois. Auparavant, ils ne se permettaient pas de s'offrir un loisir. Ils vont au jardin botanique. Il y a beaucoup de plantes et de fleurs. La nature est belle et reposante. Certaines fleurs rappellent celles du Cambodge. Les deux pays ont le même climat. Ils enregistrent dans leur mémoire ce paysage tropical qu'ils vont bientôt quitter. Puis jettent un coup d'œil sur les animaux dans les cages, privés de liberté. Quand reverront-ils la nature luxuriante dotée de la générosité du soleil ?

A l'instar de leur mère, les jeunes filles Chhuor sont prudentes. La vie de déportation, les épreuves, favorisent davantage la vigilance. Elles préparent le voyage avec la plus grande attention.

- Nous avons déjà résolu le problème de l'envoi de nos diplômes. Comment allons-nous faire pour les adresses et les numéros de téléphone ? Tous les papiers pourraient être égarés facilement.
- Essayons de les mémoriser.
- Mais ce n'est pas possible de retenir ces choses. Notre cerveau est trop fatigué pour les apprendre par cœur.
- Pour ne pas les perdre, il faut les noter sur plusieurs supports.
- Prévoyons des cadeaux pour les personnes qui nous aident. Même si ce ne sont que de simples objets, c'est le geste qui compte.

Madame Chhuor est au marché. Les trois sœurs mettent en œuvre leur projet : noter des adresses.

Soudain, elles s'exclament :
- Où est donc Sokunthea ?
- Depuis combien de temps est-elle partie ?
- Il faut la chercher partout.

Elles s'affolent. Rentrant du marché, Madame Chhuor est dans un état de choc. Mais elle demeure calme. Sethy arrive. Il devient pâle.

- Nous ne pourrons pas partir sans elle, affirme toute la famille.
- A la suite d'un farouche combat le voyage sera reporté, voire annulé.

Madame Chhuor a une idée :
- Je vais consulter la personne qui sait tirer les cartes.

Cette personne demeure aussi à la pagode. Un instant après, la mère est de retour. Elle dit :
- La voyante m'a assurée que la petite rentrera ce soir. Mais il faut la chercher dans toutes les rues.

Maly, Rundy, Chak Riya et Sethy courent partout. Ils passent dans toutes les rues. La nuit arrivera bientôt. Les quatre rentrent à la pagode, exténués. Une seule idée demeure dans leur tête : rester au Vietnam.

L'obscurité arrive. L'angoisse grandit. Que voient les Chhuor ? Sokunthea, un seau de farine à la main, rentre avec une réfugiée. Cette dernière l'avait rencontrée bien loin de la pagode. Madame Chhuor récompense cette femme.

Pourquoi le seau de farine ? Elle voulait sûrement être utile à la famille. Malgré son handicap, elle comprend le problème de la famille. Le cauchemar est terminé. Mais le cœur des Chhuor continue à battre très fort. Ils se demandent pourquoi ont-ils un si bizarre destin ?

*

Les gens parlent de la ténacité des Chhuor pour obtenir les visas de sortie. Mais personne ne connaît la vérité : le farouche combat. Certains pensent qu'il faut simplement se présenter tout le temps au service d'immigration. C'est ainsi que cet endroit a de plus en plus de monde.

Un réfugié de la pagode révèle un secret aux trois sœurs :

- Vous n'étiez pas au courant. Toutes les trois vous étiez dans l'enquête. L'autorité du quartier avait convoqué et interrogé beaucoup de réfugiés à la pagode à votre égard, sur vos activités. Mais tout le monde vous a défendues. Nous avons dit : vous couriez tout le temps juste pour faire la démarche en vue de partir pour la France.

- C'est très gentil de nous avoir défendues. Nous en sommes très touchées. Transmettez donc nos remerciements à tout le monde.

Elles se disent: « Si l'un d'entre eux avait dit du mal de notre famille, ce serait la catastrophe. Cette solidarité est louable. Dans le malheur il faut apprécier cette chance, cette amitié. »

Les Chhuor seront sur le vol du 29 avril 1978. Tout le monde le sait. Ils reçoivent de nombreuses visites : des réfugiés de la pagode et ceux de l'extérieur. On leur demande de rechercher ou de contacter la famille à l'étranger. Certaines femmes recommandent aux Chhuor d'alerter le monde sur l'existence des réfugiés cambodgiens à la pagode.

Heung, l'amie vietnamienne, a une idée. Aller faire un tour à Saigon. Les quatre prennent le chemin. Arrivées à un endroit, Heung suggère : « Regardons ensemble Saigon pour la dernière fois. »

Les quatre restent immobiles comme des statuettes. Leurs yeux fixent les bâtiments, puis le ciel. Le soleil est radieux. Les nuages blancs, étincelants, flottent sous le ciel d'azur. Saigon est bruyant. La circulation est intense. Mais le silence règne au fond du cœur des quatre jeunes personnes. Elles méditent. Cette ville inscrit le combat de la famille Chhuor ainsi que celui des autres réfugiés cambodgiens. N'ayant ni de rancœur, ni de rancune les Chhuor quitteront cet endroit avec nostalgie.

Heung offre aux trois sœurs un tissu brodé pour chacune. Puis leur demande d'envoyer une bague en jade à son frère qui se trouve en Allemagne. Elle quitte les Chhuor en leur promettant de les accompagner à l'aéroport. Le lien d'amitié qui lie ces femmes de pays différents est solide. Mais dans quelques jours la route du destin se divisera pour toujours. Il ne restera que le souvenir.

My Hoing, la belle vietnamienne d'origine chinoise vient voir les trois sœurs. Elle leur dit : « Apportez ce cahier de recettes de cuisine chinoise à mon frère. Puis contactez ma tante qui se trouve en France. Prenez cette boîte de bijoux comme cadeau souvenir. »

Toutes les promesses seront accomplies. Mais comment les trois sœurs pourront-elles alerter le monde sur l'existence des réfugiés à la pagode ? Cependant, elles l'avaient déjà écrit pour le père L et l'homme de l'ONU à ce sujet. Ce dernier avait promis d'envoyer la missive au congrès. Le monde entier est certainement au courant de la tragédie du Cambodge.

Au moment de l'enregistrement des bagages, on appelle successivement les passagers. Les Chhuor n'entendent pas leur nom. On leur annonce : c'est complet. Ils s'affolent. Encore un cauchemar. Cela ne s'arrête jamais. Pourquoi ? Ils demandent aux employés la raison de cette absence sur la liste. A chaque employé, un propos : il faut aller au consulat, au service d'immigration, au ministère des affaires étrangère. Les trois sœurs se distribuent des tâches pour se rendre aux différents endroits. *Le jeune homme* leur assure : « Au prochain vol, vous partirez certainement. »

*

Enfin, les Chhuor sont sur la liste du vol du 11 mai 1978. Il faut donc aller peser les bagages quelques jours avant. Au service d'enregistrement, un jeune homme inconnu apparaît. Il demande aux passagers : « Est-ce que la famille ne parlant pas le vietnamien a pu peser ses bagages ? »

Les Chhuor se demandent qui est cet inconnu ? Toujours du mystère. Chak Riya quitte la salle. Elle comprend enfin que cet inconnu est l'ami du *jeune homme*. Ce dernier attend dehors pour éviter d'être vu probablement. Il dit : « Je vous présente tous mes meilleurs vœux. N'oubliez pas le Vietnam. »

L'après midi, les trois sœurs se rendent au service d'immigration pour dire adieu à Mademoiselle Traing et au *jeune homme*. Mademoiselle Traing, jeune femme réservée, n'a rien à exposer. Elle sourit discrètement. Quant au jeune homme, il quitte le lieu de travail secrètement par la porte du fond afin d'éviter de rencontrer les trois jeunes filles. Le moment d'adieu est peut-être difficile, voire émouvant. Elles ne connaissent pas le nom de celui-ci. Mais ce n'est pas important. Elles l'appellent : *le jeune homme*. Depuis la frontière à Saigon, le Vietnam offre tant de souvenirs au Chhuor : des rencontres, des amitiés. Mais aussi des émotions.

Le 10 mai 1978, nuit exceptionnelle. La dernière à la pagode. Cet endroit a permis aux Chhuor de s'abriter sous l'ombre de Bouddha pendant presque trois ans. La pagode inscrit beaucoup de souvenirs et d'émotions. Seul un livre pourra relater la suite de l'odyssée bouleversante de la famille Chhuor après la tragédie au Cambodge. Les Chhuor déposent les dernières baguettes d'encens sous l'arbre de Bodhi. Le moment d'adieu fait battre très fort notre cœur. Cette vie en communauté demeure gravée dans leur mémoire. Un jour, peut-être, il faudra revenir voir le Cambodge, Phnom Penh, le Vietnam, la pagode, et Saigon. Mais quand ? Nous avons toujours de la nostalgie des lieux où nous avons vécu.

Cette nuit n'a rien d'exceptionnel pour les autres réfugiés. Mais pour les Chhuor, si. Qu'elle est admirable, cette nuit ! En fait, toute beauté se trouve au fond de notre cœur. Les feuilles de l'arbre Bodhi s'agitent, produisant une musique mélodieuse. Les nuages blancs, nacrés, flottant sous le ciel noir, changent inlassablement de forme. C'est pour nous dire que tout change. Rien n'est permanent. La clarté de la lune calme notre esprit troublé. Mais nous ne pouvons apprécier la pureté de cette lampe céleste qu'après avoir pu vaincre les obstacles de notre vie. Les étoiles scintillent. Les Chhuor s'offrent une nuit pleine de rêves.

*

Le grand jour finit par apparaître : le 11 mai 1978. Vers huit heures, les Chhuor sont prêts pour quitter la pagode et leurs compatriotes. Les bonzes, les réfugiés sortent de leur salle pour souhaiter bon voyage à cette famille composée presque uniquement de femmes, un seul homme, un adolescent. Certains les accompagnent à l'aéroport. Quelques réfugiées font la dernière recommandation : « Ne nous oubliez pas ! » Les Vietnamiens demeurant près de la pagode sortent aussi de leur domicile pour souhaiter bon voyage. Jour exceptionnel ! Un grand moment d'émotion pour les Chhuor. Ils disent adieu au Vietnam et à tout le monde. Mais ils espèrent rencontrer certains compatriotes en France. Entourés de Sim et ses enfants, les Chhuor quittent la pagode.

A l'aéroport les policiers ne fouillent pas les bagages. Aucun papier n'est confisqué. Les gens ont raconté n'importe quoi. Le directeur d'Air France, un Français, est là. Les trois sœurs font semblant de ne pas le connaître. Les Chhuor ont toujours peur tant qu'ils ne sont pas dans l'avion. Un instant après arrive *le directeur*, l'homme gradé du ministère des affaires étrangères. Il dit : « Bon voyage. »

Un instant après, un policier se dirige vers les Chhuor. Le battement de cœur de ceux-ci commence à s'accélérer. Mais ils gardent leur sang froid. Il faut tenir bon. Cet homme vient souhaiter bon voyage. Un soulagement ! Cependant, ils se disent : « Mais, pourquoi attirons-nous souvent l'attention autrui. Attirer pour avoir peur cela sert à quoi ? Sinon des ennuis, la crise cardiaque. »

Ils méditent : « La France est très grande. Là-bas, les gens ont une autre mentalité, une autre culture. Personne ne jettera un coup d'œil sur nous, réfugiés. Une vie tranquille, dans l'ombre, nous attendra. »

Chapitre 22

La France, terre d'accueil

Les Chhuor se trouvent enfin dans l'avion, Air France, avec d'autres réfugiés. Le voyage est organisé par le Haut Commissariat pour les réfugiés. Ils n'étaient pas en vol spécial du 29 décembre 1977 destiné aux Français. Les deux critères prédits par la voyante n'étaient pas entièrement erronés. Le départ est seulement retardé. Les Chhuor ont perdu la bague et le pendentif incrustés de diamants. C'est peut-être la décision du destin. A la frontière, la voyante avait prédit également deux choses justes : la date du départ était exacte, les Chhuor étaient aidés par de grands hommes. Les voyants ont le don de voir le passé et le futur. Mais parfois l'erreur peut se produire dans la divination. Il y a aussi voyant et voyant.

Tous les réfugiés sont inquiets de leur avenir. Mais au moins ils savent où aller. Quant aux Chhuor, ils sont dans le désarroi, mais ils font semblant d'être sereins. Demain sera pour eux un jour de point d'interrogation. Où iront-ils se loger ? Mais trois portes de sorties se présentent. D'abord, le centre d'accueil. Puis, les relations du père Jacques de Leffe. Enfin, les Etats Unis. Pas de panique ! De plus, connaître la langue du pays est un avantage. Ce n'est pas comme au Vietnam où il fallait apprendre à la frontière à compter jusqu'à 10. Puis, à dire merci et pardon. Malgré cela, ils ont pu vivre presque pendant trois ans.

Madame Chhuor récite la prière en silence. Elle a confiance en ses enfants. Sokunthea répète sans répit : « On vole ! » Quant à Maly, Rundy, Chak Riya et Sethy, ils sont envahis par un immense souci. Leur cœur bat en compétition avec le bruit du moteur de l'avion. Au début, ils ont pu apprécier la nourriture française. Puis, ils ne peuvent rien avaler.

Le voile gris tapisse le ciel. Dans l'avion, on met le film Charlot pour distraire les voyageurs. Certains préfèrent dormir. Quant aux Chhuor, ils s'offrent une nuit blanche en attendant le nouvel épisode de l'écriture du maître du destin. Tous les jours, celui-ci nous impose un rôle sans se préoccuper de notre avis. C'est ainsi que certaines personnes veulent le maudire en le traitant : *cruel destin* ! Les Chhuor ne peuvent pas se révolter contre le décret de ce maître invisible. Tout ce qui était écrit est écrit.

*

Le 12 mai 1978 : une nouvelle page est tournée. Le voyage arrivera bientôt à sa destination. L'hôtesse annonce une température de 10 degrés. Trop froid pour ceux qui sont habitués au climat tropical. Mais cela n'est qu'une question secondaire. A dix heures l'avion atterrit à l'aéroport Charles de Gaule. La délégation de la Croix Rouge est là. Sa mission consiste à emmener les réfugiés chez les répondants. Cette délégation fait savoir aux Chhuor que le centre d'accueil est réservé seulement pour les réfugiés de Thaïlande. Ces derniers décident de contacter Madame et Monsieur NGAU. Puis, Monsieur NGAU les emmène chez lui. Certains amis français viennent traduire leur amitié. Les Chhuor en sont touchés.

La mairie leur accorde une aide immédiate. Des organismes de l'Etat, humanitaires et religieux s'occupent activement des réfugiés. Certaines personnes sont sensibles à la tragédie du Cambodge. La France est vraiment la terre d'accueil.

Monsieur NGAU apprend aux Chhuor que pour demander les visas d'entrée il était en relations avec trois Françaises dont une est amie de Monsieur F. A la pagode à Saigon, une jeune femme réfugiés avait vu par l'intermédiaire des cartes qu'il y avait deux Françaises qui prenaient en charge des affaires de la famille Chhuor. Pourtant cette réfugiée n'est pas une voyante.

Toutes les personnes qui étaient en relation avec des Chhuor se contactaient. Auparavant, elles ne se connaissaient pas. Monsieur NGAU était en rapport également avec Monsieur NT qui est Vietnamien. C'est ce dernier qui avait envoyé 300 francs au Vietnam à la famille Chhuor, selon la recommandation du père Jacques de Leffe. Il est responsable du centre d'hébergement religieux à Clichy sur Seine. Enfin, comme avait promis le prêtre, les Chhuor sont hébergés provisoirement à ce centre. A part eux, tous les réfugiés accueillis à cet endroit sont des Vietnamiens.

Le père Jacques de Leffe, demeurant à Taipei, répond à la lettre des Chhuor en leur posant deux questions :
- Quel sera votre choix ? La France ou l'Amérique ? A mon avis, comme vous avez la culture française, la France paraît plus proche de vous.
- Comment avez-vous pu quitter le Cambodge ?
Les Chhuor décident enfin de demander l'asile en France.

Juin 1978, Maly Rundy et Chak Riya trouvent du travail, Sethy un stage rémunéré. Sokunthea est scolarisée dans une école spécialisée pour les enfants handicapés. Maly travaille à Gennevilliers. Ensuite, la famille Chhuor quitte le centre d'hébergement pour venir vivre à Courbevoie.

Le destin décide autrement. En octobre 1978, Maly et Rundy suivent des études en biologie à l'Université Paris 7 Denis Diderot. Boursières de l'Entraide Universitaire, elles travaillent à temps partiel. Chak Riya s'oriente vers la comptabilité. Sethy l'informatique.

En 1982, Maly et Rundy réalisent un programme informatique de comptabilité simplifié sur micro-ordinateur au siège à la Croix Rouge Française. Le directeur financier organise une réunion importante de plusieurs personnes à ce sujet. Ce programme est substitué à un autre procédé faisant appel à des matériels plus importants. Au moins, elles laissent une trace pour l'humanité : sensibiliser l'informatisation.

Epilogue

Au moment où j'écris ce livre, les années se sont écoulées. Tout a changé : le Cambodge, le Vietnam ainsi que nos visions sur certaines choses. Nous évoluons en fonction de l'espace et du temps. Mais, nos principes fondamentaux restent inchangés.

En 2003, ma sœur Sokunthea est décédée. Ma mère est actuellement entourée de cinq enfants qui s'occupent d'elle. L'annonce du songe, datée depuis plusieurs années sur le nombre des enfants restant avec elle est donc exacte. Il s'agissait donc d'un rêve prémonitoire. La séparation familiale n'est qu'une séparation physique. Notre père, nos frères et nos sœurs sont toujours présents dans notre mémoire.

Notre sœur Mony et notre frère Seila nous ont quittés précocement à l'âge de 16 et 18 ans. Leur bonté, leur dévouement et leurs actes héroïques demeurent gravés dans notre mémoire. Même très malades et exténués, ils s'efforçaient de puiser l'eau et de chercher des branches d'arbres pour soulager leur famille. Mony avait déclaré vouloir mourir afin de laisser les siens s'enfuir au Vietnam pour survivre. Sa phrase à peine terminée, elle s'est éteinte le 2 novembre 1975 en nous laissant l'image de son éternelle jeunesse et de sa beauté de cœur.

La protection, les conseils, les recommandations de mon père, de mes frères aînés à l'égard de mes sœurs et moi-même, au moment où nous étions unis semblaient prémonitoires. Des différents signes montrent que tout était écrit. Pourquoi ? C'est le décret du destin. On ne peut pas se révolter contre lui. Malgré cela, il ne faut pas baisser les bras. A chaque heure, chaque minute, une surprise. Nous avançons nos pas dans le monde sans avoir pu former le projet. Tout est indépendant de notre volonté.

Rien n'est permanent. Nous dépendons des événements. Au Cambodge, j'avais choisi les sciences, ensuite, l'enseignement. Mais le destin avait mis la plume dans ma main afin de servir le pays. La littérature n'est pas mon domaine. Mais ce destin nous a imposé d'écrire le livre *Le serment*. Enfin, nous sommes soutenus. **Merci**. Ayant des choses à raconter, un second livre est donc né, grâce à vous tous.

Ma mère s'est beaucoup battue avec courage pour sauver les siens lors de notre existence sous la dictature des Khmers rouges. Au Vietnam, mes sœurs, mon frère et moi-même remplacions notre père et nos frères en prenant en main le destin de la famille. Avec nos défauts et qualités différentes, nous sommes complémentaires. Notre farouche combat a permis de vaincre tous les obstacles. Par moment, nous tombions dans la fragilité. Mais grâce à notre solidarité l'énergie surgissait.

Il existait aussi la chaîne de solidarité universelle. A travers trois pays nous avons été aidés par de braves personnes. Les unes sont nos compatriotes. Les autres des amis étrangers, notamment des Français.

Nous tenons à remercier infiniment ceux qui nous ont accompagnés afin de surmonter des épreuves. Ne sachant pas où ils se trouvent et n'ayant pas leur autorisation, nous n'avons pas le droit de citer leurs noms. C'est ainsi que nous préférons n'en mentionner aucun. Tous les prénoms sont changés.

Nous remercions également les organismes religieux, internationaux ainsi que l'Etat français pour leurs secours précieux.

Toutefois, il importe de préciser que parmi ceux qui s'occupent de nous, la plupart sont des personnes de bonne volonté. Mais sous l'apparence de certaines amitiés se cachent quelquefois des pièges. Cependant, il ne faut conserver que le côté positif de la vie.

Nous espérons que nos épreuves serviront à quelque chose. Nous lançons un appel à tous les hommes de s'unir au nom de la tolérance, de la fraternité, de la paix. La tragédie du Cambodge a laissé des séquelles chez les rescapés. La plaie demeure béante. Nous demandons donc au reste du monde de soutenir le peuple de ce pays, et aussi d'empêcher un tel génocide de se reproduire ailleurs dans le monde.

Bibliographie

Adhémard Leclère, Histoire du Cambodge, Librairie Paul Geuthner, 1914.
Georges Maspero, L'empire khmer, Phnom Penh, Imprimerie du Protectorat,1904.
Claude Jacques, Angkor, Bordas, 1990.
André Migot, Les Khmers, Le livre contemporain, 1960.
Bulletin de l'Ecole Française d'Extrême Orient.
Paul Pelliot, Mémoire sur les coutumes du Cambodge de Tcheou Ta-Kouan, Maisonneuve, Paris, 1951.
Madeleine Giteau et Danielle Guéret, L'art khmer, Somogy Editions d'art/ASA Editions, Paris, 1997.
Thierry Zéphir, L'empire des rois khmers, Gallimard, 1997.
Donatella Mazzeo et Chiara Silvi Antonini, Khmer, Fernand Nathan, Paris, 1976.
Helene I. Jessup et Thierry Zéphir, Angkor et dix siècles d'art khmer, Réunion des Musées Nationaux, 1997.
Pierre Loti, Editions Kailash, 1992.
Angkor, Dix siècles D'art khmer, Connaissance des Arts.

Remerciements

La rédaction de ce livre m'a permis de réaliser que la vie est chargée de mystères. Tant d'évènements se sont produits, bons et mauvais. Mais sont survenus aussi des miracles, d'étranges rencontres, des secours, des encouragements.

Je tiens à exprimer mes remerciements à :

- Monsieur Pierre MONZANI, directeur de l'INHES : Institut National des Hauts Etudes de Sécurité, pour son soutien et sa préface.

- Madame Marie-Louise REMACK-PETITOT, Docteur ès-Sciences (Doctorat d'Etat), mon ancien professeur de géologie à la Faculté des Sciences de Phnom Penh qui fut paléontologue au Service Géologique du Maroc, pour ses conseils et la correction du manuscrit.

- Madame et Monsieur NGAU Béng Eam, qui nous ont aidés.

- Monsieur le Docteur Michel SANANES, qui continue à me guider.

- Nos amis dont nous ne pouvons citer tous les noms.

Qu'ils trouvent ici l'expression de ma profonde gratitude.

Je pense particulièrement à :

- Ma mère, Kim Huor, mon père, Chhuor Chhéang, qui nous ont légué l'héritage moral : courage, sens de la dignité, respect d'autrui, esprit fraternel.

- Mes frères et mes sœurs qui m'ont donné tant d'amour :

You Eng, Véng Kuong, Bun Thân, Seila, Mony et Sokunthea qui nous ont quittés.

Mieu Sim, Rundy, Chak Riya et Sethy qui continuent à se battre avec énergie pour me soutenir.

- Ma fille, Sophie, mes nièces et neveux qui m'apportent tant d'affection.

Je remercie Monsieur Denis PRYEN, directeur des éditions L'Harmattan pour la publication de ce livre, Monsieur Philipe DELALANDE, directeur de la collection, pour *Le serment*, Monsieur Jérôme MARTIN et l'équipe de L'Harmattan.

Table des matières

Préface 7
Introduction 11
Chapitre 1 A la frontière.. 13
Chapitre 2 Recherche d'une issue 21
Chapitre 3 Saigon, Prey Nokor.................................. 39
Chapitre 4 Rêve prémonitoire 75
Chapitre 5 Réseau d'amitiés...................................... 77
Chapitre 6 Héroïsme... 95
Chapitre 7 Espoir... 99
Chapitre 8 Histoire d'une bague............................... 107
Chapitre 9 Départ des amis 127
Chapitre 10 Départ de la Croix Rouge Internationale. 143
Chapitre 11 Pièges.. 145
Chapitre 12 Ouverture... 151
Chapitre 13 Guerre entre le Cambodge et le Vietnam. 165
Chapitre 14 Visites à la pagode.................................. 167
Chapitre 15 Soucis.. 171
Chapitre 16 Amitiés.. 173
Chapitre 17 Communication...................................... 179
Chapitre 18 Catastrophe 185
Chapitre 19 Illusion 193
Chapitre 20 Terreur 203
Chapitre 21 Fin du cauchemar.................................... 215
Chapitre 22 La France, terre d'accueil 227
Epilogue... 231
Bibliographie... 233
Remerciements 235

L'HARMATTAN, ITALIA
Via Degli Artisti 15 ; 10124 Torino

L'HARMATTAN HONGRIE
Könyvesbolt ; Kossuth L. u. 14-16
1053 Budapest

L'HARMATTAN BURKINA FASO
Rue 15.167 Route du Pô Patte d'oie
12 BP 226
Ouagadougou 12
(00226) 76 59 79 86

ESPACE L'HARMATTAN KINSHASA
Faculté des Sciences Sociales,
Politiques et Administratives
BP243, KIN XI ; Université de Kinshasa

L'HARMATTAN GUINÉE
Almamya Rue KA 028
En face du restaurant le cèdre
OKB agency BP 3470 Conakry
(00224) 60 20 85 08
harmattanguinee@yahoo.fr

L'HARMATTAN COTE D'IVOIRE
M. Etien N'dah Ahmon
Résidence Karl / cité des arts
Abidjan-Cocody 03 BP 1588 Abidjan 03
(00225) 05 77 87 31

L'HARMATTAN MAURITANIE
Espace El Kettab du livre francophone
N° 472 avenue Palais des Congrès
BP 316 Nouakchott
(00222) 63 25 980

L'HARMATTAN CAMEROUN
BP 11486
Yaoundé
(00237) 458 67 00
(00237) 976 61 66
harmattancam@yahoo.fr

540636 - Septembre 2013
Achevé d'imprimer par